KB111765

임시정부 국무령

석주 이상룡

박 민 영朴敏泳

경남 함양 출생. 인하대 역사교육과를 졸업한 뒤 한국학중앙연구원 한국학대학원에서 문학박사 학위를 받았다. 독립기념관 한국독립운동사연구소 연구위원, 국가보훈처 독립유공자공적심사위원, 경상북도독립운동기념관 이사로 재임 중이다.

대표 저서로는 《이상설 평전》(2020), 《한말 의병의 구국성전》(2020), 《화서학파 인물들의 독립운동》(2019), 《나라와 가문을 위한 삶 곽한소》(2017), 《의병전쟁의 선봉장 이강년》(2017), 《만주 연해주 독립운동과 민족수난》(2016), 《거룩한 순국지사 향산 이만도》(2010) 등 다수가 있다.

임시정부 국무령 석주 이상룡

초판 1쇄 인쇄   2020. 12. 17.
초판 1쇄 발행   2020. 12. 23.

지은이   박 민 영
펴낸이   김 경 희
펴낸곳   ㈜지식산업사
          본사 10881, 경기도 파주시 광인사길 53(문발동)
              전화 (031)955-4226~7   팩스 (031)955-4228
          서울사무소 03044, 서울시 종로구 자하문로6길 18-7(통의동)
              전화 (02)734-1978,1958   팩스 (02)720-7900
누리집   www.jisik.co.kr
전자우편   jsp@jisik.co.kr
등록번호   1-363
등록날짜   1969. 5. 8.

책값은 뒤표지에 있습니다.

ⓒ경상북도독립운동기념관, 2020
ISBN 978-89-423-9085-4 04990
ISBN 978-89-423-0056-3 04990(세트)

이 책에 대한 문의는 지식산업사로 해 주시길 바랍니다.

임시정부 국무령

석주 이상룡

박민영 지음

지식산업사

머리말

　독립운동사 공부에 매달린 40년 가까운 세월 동안 가장 흔히 들고 보아온 인물 가운데 한 분이 석주 이상룡이다. 그가 지닌 이상과 포부가 시대를 선도한 혁신성을 지녔고, 그가 펼친 독립운동의 무대가 국내와 만주, 그리고 중국 관내지방에 널리 걸쳐 있었으며, 그가 종사한 독립운동의 영역이 항일의병에서 시작해 구국계몽, 만주 독립군, 상해 임시정부에 이르기까지 실로 다양하였다. 한말, 일제강점기 30여 년에 걸친 장구한 세월 동안 독립운동의 한복판에서 당면한 시대적 과제인 독립을 쟁취하고자 분투하였던 것이다. 독립운동의 역사에서 이상룡이 가장 널리 회자되는 연유가 여기에 있다고 생각한다.

연초에 이 책의 집필 제의를 받고 몹시 망설여져 선뜻 승낙할 수 없었다. 정년인 올해에는 삶을 관조하고 싶은 마음도 들었고 또 다른 저작물을 간행 중이어서 여력이 없기도 했지만, 그보다는 예상되는 집필의 난관이 먼저 뇌리를 스쳤기 때문이었다. 이상룡의 독립운동 궤적이 갖는 깊이와 넓이, 그를 배출한 안동의 향토성이 갖는 혈연, 학문적 다단성多端性 등이 먼저 떠올랐던 것이다.

집필과정은 예상대로 순탄치 않았지만, 이상룡의 활동 궤적과 방향성을 제시한 그동안의 선행연구에 힘입어 무사히 탈고할 수 있었다. 그 가운데 특히 고 김정미 박사가 수행한 일련의 연구 성과와 만주 독립운동사를 전공한 채영국 박사가 연전에 간행한 석주 전기는 본서의 내용과 체재 구성에 크게 도움을 주었다.

이 책은 이상룡의 생애와 그가 펼친 독립운동 전반을 주로 연대기를 따라 정리하였다. 먼저 석주를 배양한 임청각 가문과 그의 성장, 수학 과정을 중심으로 언급하였고, 이어 의병 투쟁과 구국계몽운동 참여, 신학문 수용 등 국내에서 전개한 독립운동, 민족운동의 실상을 기술하였다. 다음으로, 1910년 경술국치로 나라가 망한 뒤 서간도 망명지에서 선도한 독립운동, 중국 관내지방 독립운동 세력과의 연계성, 그리고 대한민국 임시정부의 국무령 취임 등을 살폈다. 끝으로 석주의 서거와 그가 남긴 유훈을 비롯하여 그의 영향으로 독립운동에 참여한 가족들의 면모 등에 대해 기술하였다.

집필과정은 고단했지만, 이를 통해 얻은 가르침은 그동안의 애로와 고충을 상쇄하고도 넘칠 만큼 소중한 것이었다. 권세와 재력을 두루 갖춘 출중한 가문의 종장으로서 누릴 수 있는 부귀영화를 초개처럼 버리고 이역만리에서 오로지 살신성인의 이타적 삶으로 일관한 독립운동가의 전범典範과도 같은 인물이 바로 이상룡이다. 시공을 초월할 만큼 독립운동의 역사가 내재한 참된 가치와 소중한 교훈을 석주를 통해 다시금 확신할 수 있었다. 석주 이상룡은 우리 민족 구성원 전체가 공유해야 할 소중한 역사 자산이다.

저자는 이 책에 보름 앞서 다른 졸저 이상설 평전을 막 간행하였다. 금년, 이상룡과 이상설, 두 책을 동시에 간행하는 것은 우연과 필연이 교차한 느낌이다. 출신과 지역, 시기와 노선을 달리한 두 분이지만, 독립운동 지도자로서 그들이 지닌 지순 고결한 가치는 조금도 다름이 없었다. 이러한 분들이 있었기에 비록 열악한 조건과 환경이지만 독립운동사를 공부하는 보람은 날이 갈수록 더욱 새롭다. 코로나 역병이 온 세상을 덮친 한 해였지만, 이 분들로 말미암아 오히려 소중한 시간을 보낸 것 같다. 머잖아 코로나 역병의 고통에서 자유로운 그날이 오면, 이상룡이 활동한 궤적을 따라 중국 각지를 찾아 그분이 남긴 유훈의 체취體臭를 느끼고 싶다.

역사적 인물로서 석주 이상룡이 지닌 육중한 무게감을 온전히 감내하기에는 나의 학문적 역량이 너무 협소하다. 모자라는 필력으로 말미암아 이상룡의 고귀한 공적이 오히려 훼손되거나 오도되지는 않았는지 간행에 즈음하여 걱정이 앞서지만, 나름 최선의 공력을 기울였음에 위안을 삼는다.

이 책은 10년 전의 향산 이만도에 이어 저자가 경상북도독립운동기념관에서 기획하는 인물총서로 두 번째로 내는 책이다. 그동안 저자를 믿고 성원해 준 김희곤, 정진영 전·현임 관장님을 비롯하여 자료수집과 간행노고를 아끼지 않은 학예연구부 여러분께 감사드린다. 편집과 교정에 애쓴 지식산업사 편집부 여러분에게 고마운 마음을 전하며, 성원해 주신 김경희 사장님께도 깊이 감사드린다.

2020년 12월 11일
서울 문정동에서 박 민 영

차 례

임시정부 국무령

석주 이 상 룡

가계와 학문

임청각의 적전嫡傳

이상룡李相龍은 1858년 11월 24일 안동 임청각에서 태어났다. 본관은 고성固城이며, 자는 만초萬初, 호는 석주石洲라 불렀다. 원래는 상희象羲라는 이름을 썼는데, 1911년 국외 망명 이후 상룡으로 바꾸었다. 부친 이승목李承穆과 모친 안동권씨 사이에서 3남 3녀 가운데 맏이로 태어났다. 아래로 용희龍羲, 이명 相東과 봉희鳳羲, 이명 啓東 두 아우가 있었고, 누나는 박경종朴慶鍾, 이명 朴禹鍾에게 시집갔다.

고성이씨 가문이 안동에 정착한 것은 석주의 19대조 이증李增, 1419~1480 때부터로 알려져 있다. 김종직의 문인으로 영산현감靈山縣監으로 있던 그는 세조가 왕위를 찬탈하자 벼슬을 버리고 안동으로 들어와 정착하였다. 이증의 아들, 곧 석주의 18대조 이명李洺은 의흥현감을 지냈으며, 임청각臨淸閣을 지었다. 이상룡의 생가인 임청각은 오늘에 이르기까지 5백 년의 오랜 역사를 지닌 고택이다. 이명의 아들인 17대조 이굉李肱이 예빈시 별제를 사직하고 임청각 앞 강 건너 정상에 반구정伴鷗亭을 지었다. 곧 19대부터 17대에 이르는 3대의 역사는 이 가문이 안동에서 탄탄한 토대를 다지는 계기가 되었다. 이후 법흥동의 임청각을 근거지로 한 고성이씨는 안동의 재지사족在地士族으로서 명망과 지위를 확보하였다. 증조부 범계帆溪 이찬李瓚은 동지중추부사를 지냈고, 조부 망호忘湖 이종태李鍾泰는 생원이었으며, 부친 추암秋巖 이승목은 일찍 세상을 떠났다.

이상룡의 가문은 이후 근대에 이르기까지 수세기 동안 명문가와 혼인관계를 맺으면서 영남 사림파의 주류로서 확고한 입지를 굳혔다. 조부 이종태가 의성김씨 종손인 김진화金鎭華의 딸을 아내로 맞이하였다. 그러므로 김진화의 아들인 서산

임청각 옛 모습

西山 김흥락金興洛은 조부 이종태에게 처남이, 그리고 아버지 이승목에게는 외삼촌이 되었다. 또 조부 이종태의 누이, 곧 이상룡의 존고모尊姑母는 척암拓菴 김도화金道和에게 시집갔으므로 김도화는 조부 이종태의 매부가 되고, 이상룡에게는 존고모부가 되었다. 곧 퇴계학파의 적전嫡傳인 정재 류치명 학파의 거유 김흥락과 김도화가 이상룡의 가문과 혈연으로 깊이 연결되어 밀접한 관계를 맺고 있었다. 정재학파의 거유들이 임청각을 중심으로 빈번하게 내왕하며 깊이 교유함으로써

임청각
경상북도 안동시 임청각길 63 소재.

이상룡은 어린 시절부터 이러한 가풍과 학풍에 자연히 영향을 받으면서 성장하게 되었다.

부친 이승목은 안동권씨 권진하權鎭夏의 딸과 혼인하였다. 안동의병장 권세연權世淵이 권진하의 아들이었기에 이상룡에게는 외삼촌이 되었다. 외가인 봉화 닭실[酉谷]의 안동권씨 가문은 권세와 학문이 뛰어난 이른바 삼한갑족三韓甲族이었다. 충정공 충재沖齋 권벌權橃, 1478~1548을 입향조로 하여 '충절세향忠節世鄕'으로 알려진 이 마을은 금빛 닭이 알을 품고 있는 듯한 '금계포란金鷄抱卵'형의 지세로 말미암아 '닭실'로 불리게 되었다. 이 마을은 봉화뿐만 아니라 영남지방에서 손꼽히는 대표적인 문향文鄕으로 명성이 높은 곳이었다. 이상룡은 안동 최고의 명문가에서 태어나 출중한 가풍과 학풍을 이어받으면서 최고의 환경에서 성장할 수 있었다.

이처럼 이상룡의 가문은 인근의 명망가와 혼인하여 인척관계를 맺고, 또 누대에 걸쳐 퇴계학맥과도 긴밀하게 연계함으로써 공고한 유대를 갖게 되었다. 곧 혈연과 학통, 지연을 바탕으로 한 공고한 인적 기반은 이상룡이 뒷날 의병투쟁, 구국계몽운동, 국외망명 등 장기간에 걸쳐 독립운동을 펼칠 수 있는 토대가 되었다.

이상룡은 열다섯 살 되던 해인 1872년에 안동 임하면 내앞[川前] 마을의 의성김씨 도사都事 김진린金鎭麟의 딸 김우락金宇洛, 1854~1933과 결혼하였다. 부인은 자혜롭고 정순한 성품으로 평생 독립운동의 험난한 길을 걸어간 남편을 묵묵히 내조한 숨은 공이 컸다. 경술국치 후인 1910년 말 서간도로 건너가

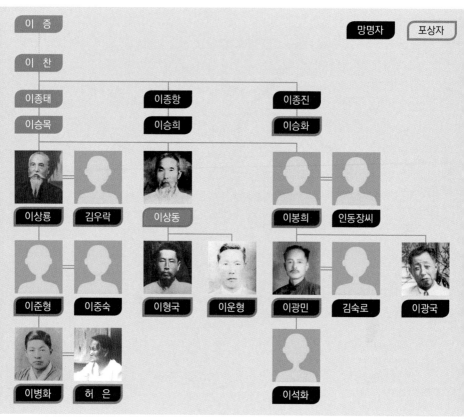

망명자   포상자

이 종

이 찬

이종태   이종항   이종진

이승목   이승희   이승화

이상룡   김우락   이상동   이봉희   인동장씨

이준형   이중숙   이형국   이운형   이광민   김숙로   이광국

이병화   허 은   이석화

이상룡 가계도

내앞 마을의 독립운동을 선도한 백하白下 김대락金大洛은 큰

오빠였고, 예안의병장을 지내고 경술국치에 항거하여 단식

순국한 향산 이만도의 며느리이자 파리장서 의거에 앞장선 이중업李中業의 아내 김락金洛은 막내 여동생이었다. 김대락은 곧 이상룡의 손위 처남이 되었고, 이중업과는 동서지간이었다. 또 이상룡의 외아들 준형濬衡은 퇴계 이황의 혈통인 진성이씨 이만유李晩由의 딸과 1892년 혼인하였고, 딸은 진주강씨 종손인 강호석姜好錫에게 출가하였다.

한편, 이상룡의 가문은 많은 전답을 가진 지주였다. 16세기 초부터 18세기 초까지 9대에 걸쳐 재산의 상속과 분배를 기록한 문서인 분재기分財記가 온전하게 남아 있어 임청각의 재산 규모를 생생하게 알려 준다. 고성이씨 가문은 균분均分에 의해 재산이 흩어지는 과정이 거의 나타나지 않고, 17세기 이후에도 오히려 재산이 증가하는 경향이 나타난다. 이 가문에서 소유한 대부분의 토지는 안동 인근에 있었고, 특히 선대의 묘소가 있던 도곡陶谷 주변에 토지가 집중되었고, 그밖에 임북臨北과 임동臨東 등지에 토지가 분포하였으며, 멀리는 예천 지역에도 상당한 토지가 있었던 것으로 알려져 있다.

이상룡은 오랜 기간에 걸쳐 이처럼 풍부한 재력을 독립운동 자금으로 계속 쏟아 부었다. 1910년 경술국치 이전에는 의병투쟁에 소요되는 상당한 규모의 군자금을 마련하였고, 국치 뒤에는 서간도로 떠나면서 많은 재산을 처분하여 망명 자금으로 마련하였다. 그리고 망명한 뒤에도 여러 차례에 걸쳐 국내에 남은 재산을 처분하여 독립운동 자금으로 충당하였던 것이다.

망명 이후의 경우, 서간도에 이주한 이상룡이 1913년 군자금 마련을 위해 아들 이준형을 안동으로 보내어 가옥과 토지를 매각한 것이 그 대표적인 사례이다. 현전하는 임청각의 고문서 가운데 그 사실을 입증하는 매매문서가 남아 있다. 1913년 음력 6월에 작성된 매매 문건들에 따르면, 서간도에 있던 이상룡이 안동군 부내면 이종하李鍾夏 등 네 명에게 용상리의 기와집 4동을 9백 원에 팔았고, 그 택지와 임야는 같은 매수자에게 매도한 것으로 확인된다. 심지어는 법흥리의 기와집 68칸, 곧 임청각을 세놓은 문서도 전해지는데, 아마도 이상룡이 망명을 결행할 때 임청각을 임대할 계획으로 미리 작성해 놓은 것이 아닌가 짐작된다. 선대로부터 내려오는 종택까지 희생시킬 각오를 했을 만큼 망명 당시 상황이 엄중했음을 알 수 있다.

서산 김흥락의 문하

이상룡은 어려서부터 활동적이고 형식에 구애받지 않는 대범한 성품을 지니고 있었다. 총기가 매우 뛰어났을 뿐만 아니라,

이상룡

학문 수학에도 열성적이었다. 6. 7세 때 벌써 능숙하게 한시를 지었다고 하며, 13. 14세 때 사서삼경을 독파했다는 점으로 보아 그러한 정황을 짐작할 수 있다.

이상룡에게 처음 공부를 가르친 스승은 같은 집안의 족증조族曾祖인 평담平潭 이전李銓이라는 인물이었다. 이전은 어린 이상룡에게 한문과 시를 가르쳤을 뿐만 아니라 세상 돌아가는 형세를 판단할 수 있는 안목을 키워 주었다.

이상룡은 결혼 이듬해인 1873년 부친을 여의는 고통을 당하였다. 16세의 어린 나이였지만, 예의와 법도에 맞게 3년 탈상을 무사히 마쳤다. 1875년 18세 때 아들 준형이 태어났다. 외아들인 준형은 뒷날 지극한 효성으로 부친을 따라 독립운동에 함께 헌신하였으며 형극의 길에 큰 힘이 되어 주었다.

이상룡은 1876년 19세 때 당대 최고의 학자로 칭송되는 서산西山 김흥락金興洛, 1827~1899의 문하에 들어갔다. 김흥락의 처남이기도 한 조부 이종태의 명에 따른 것이었다. '천년불패의 땅'이라 일컫는 금계金溪의 의성김씨 종가에서 학봉鶴峯 김성일金誠一의 적전으로 태어난 김흥락은 퇴계학문의 정맥을 이은 정재 류치명의 문하에서 공부한 영남 유림계의 거목이었다. 특히 그는 28세 때 지은 《입학오도入學五圖》라는 책에서 학문하는 방법을 체계적으로 제시하였다. 여기서 그는 학문하는 구체적인 방법으로 네 가지를 제시하였다. 첫째, 뜻을 세워야 하고[立志], 둘째, 예의를 지켜야 하며[居敬], 셋째, 이치를 잘 따질 수 있어야 하며[窮理], 넷째, 그것을 실천에 옮길 수 있어야 한다[力行]는 것이다. 그리고 이 네 가지를 실천하기 위해서는 무엇보다 먼저 마음을 잘 닦아 깨끗함을 유지해야 한다고 강조하였다. 이상룡은 스승 김흥락의 이러한 가르침을 마음 깊이 새기고 이를 실천하기 위해 노력하였다.

이상룡은 금계 마을에 있는 김흥락의 집, 곧 학봉종택의 별채 풍뢰헌風雷軒에서 동문들과 교유하면서 수학하였고, 자주 강회에도 참석하여 학파의 성원으로서 입지를 굳혀 갔다.

이상룡은 29세 때인 1886년 과거에 응시하였으나 낙방하였다. 이를 계기로 이후 그는 과거공부를 단념하고 오로지 성리학 공부에 전념하였다. 이 무렵 스승 김흥락에게 자신의 공부 방향과 심성 수양의 태도를 밝힌 대목에서 그러한 정황이 잘 드러나 있다.

조부께서 일찍이 학문을 위해서는 먼저 뜻을 세워야 한다고[立志] 말씀하시면서 〈입지설立志說〉을 써서 저에게 보여 주셨기에, 이후 받들어 집안의 가르침으로 삼아 왔습니다. ……생각컨대, 과거공부를 그만두고 오로지 이 일에 뜻을

두고자 합니다. (《상서산선생별지上西山先生別紙》, 《석주유고》)

　이후 이상룡은 위에서 본 대로 스승 김흥락이 학문하는 데 필요한 것으로 《입학오도》에서 제시한 네 가지 요체를 깊이 이해하고 이를 자신의 학문 태도와 실천의 문제로 깊이 성찰하는 자료로 삼았다. 곧 이상룡은 스승 김흥락이 견지한 학문 특징인 심성수양론의 내향성을 철저하게 물려받아 이를 몸소 실천하는 데 최선의 노력을 기울였다고 할 수 있다.

제 2 부

구국의 의병투쟁

의병 봉기 전야

1876년 개항은 우리나라 근대 역사에서 커다란 전기가 된 사건이었다. 그해 2월 일제가 조선을 무력으로 위협하여 한반도에 침략의 마수를 최초로 드리운 강화도조약을 강제 체결한 것이다. 이로 말미암아 전국적으로 개항 반대운동이 거세게 일어나 유생들은 연일 상소를 올려 개항 불가를 주장하였다. 그러나 조선의 문호는 열렸고, 이에 따라 일본을 비롯한 열국의 공사관이 서울에 들어섰다. 이후 침략세력을 부식하는 데 혈안이 된 일제 침략세력이 매개되면서 중앙 조정은 늘 불안과 갈등에 휩싸였다. 또 이 무렵 근대화를 표방한 개화세력이 등장하여 기존 정치질서인 수구파와 대립하면서 갈등을 드러냈고. 특히 1882년에는 임오군란이 일어나 조정은 쑥대밭이 되었다. 대원군은 청나라 군대에 잡혀가고. 궁궐을 탈출한 민왕후는 충주로 피난을 가는 등 일대 혼란이 야기되었다. 그로부터 2년 뒤 1884년 10월에는 다시 김옥균. 서광범. 박영효 등 개화파에 의해 '3일천하'로 일컬어지는 갑신정변이 일어나 중앙 정국의 혼란은 걷잡을 수 없었다. 곧 수구파와 개화파의 대립. 거기에 중국과 일제 등 외세가 뒤섞여 내정을 간섭하고 개입하면서 조선의 정국은 점차 자주권을 잃고 국운이 쇠락해져 갔다.

1894년 일제의 대조선 침략전쟁인 청일전쟁이 일어나는 데 빌미가 된 사건은 동학농민전쟁이었다. 호남에서 시작된 동학농민전쟁이 삼남 일대를 비롯하여 전국을 휩쓸게 되자 무능한 조정에서는 청국에 원병을 요청하게 되었고. 이를 기회로 일제는 조선에서 패권을 장악할 야욕을 갖고 대병력을 출동시키기에 이르렀다.

일제 침략군은 청일전쟁을 도발하기 직전인 6월 21일 경복궁을 무단 점거하는 갑오변란을 일으켰다. 일본군 혼성여단 2개 대대가 이날 새벽 남산에 야포를 설치하고 경복궁을 기습 점거함으로써 침략 야욕을 만천하에 드러내었다. 이어 일제는 한반도에서 청나라 세력을 몰아낼 목적으로 마침내 청일전쟁을 도발하였다. 재야의 유생들은 일본군이 경복궁을 유린하던 6월 21일 바로 그날 조선이 망했다고 통탄했을 정도로 갑오변란은 조야에 큰 충격을 주었다.

경복궁을 점거하고 청일전쟁을 도발한 일제는 김홍집金弘集을 총재로 하는 군국기무처軍國機務處를 설치하여 조선의 내정간섭을 감행하였다. 무력을 앞세우고 정치, 사회, 문화 등 다방면에 걸쳐 입체적으로 자행된 일제의 침략적 간섭으로 말미암아 한민족은 큰 충격을 받았다. 재야의 유생들은 군국기무처에서 주관하던 갑오경장을 역법·의제·관제·지방제도의 변경으로 총괄하고 이를 유사 이래 처음 당하는 '대변고'로 단정하면서 강력히 규탄하였다.

1895년 8월 20일에는 일본 공사 미우라 고로三浦梧樓의 지휘 아래 일본 낭인들이 국모인 민왕후를 무참히 시해함으로써 거족적 공분을 자아냈다. 앞서 같은 해 3월에는 청일전쟁에서 승리한 일제가 극동지역에서 지나치게 세력을 확장하는 데 불안을 느낀 러시아의 주도 아래 독일·프랑스 등 세 나라가 1895년 3월 일제로 하여금 청일전쟁의 결과로 획득한 요동반도를 청나라에 반환토록 간섭하였다. 이러한 삼국간섭으로 말미암아 일제의 약점이 노출되자 조선 정부는 일제의 영향력을 배제하면서 친러정책을 실시하기에 이르렀다. 이에 초조해진 일제가 반일세력의 정점으로 민왕후를 지목하고 무참히 시해하였던 것이다. 일제가 자행한 이러한 국제적, 야만적 범죄행위를 을미사변이라 한다. 을미사변 이틀 뒤, 일제의 꼭두각시 친일내각은 국왕의 명의로 '왕후를 폐위시켜 서인으로 삼는다'는 왕후 폐위 조칙까지 발표하여 전 국민을 기만하기에 이르렀다.

을미사변에 이어 민족적 자존에 치명상을 입힌 사건이 단발령 공포였다. 1895년 11월 15일, 친일내각은 이틀 뒤인 17일을 기하여 음력에서 양력으로 역법을 바꿈과 동시에 단발령을 시행한다고 선포하였다. 곧 음력 1895년 11월 17일은 양력으로 1896년 1월 1일이 되는데, 이 날부터 공식적으로 양력을 쓰고 '양력을 세운다'는 뜻을 가진 새 연호 '건양建陽'을 사용하였다.

당시 친일정부가 단발령을 내린 표면적 이유는 '위생에 이롭고 작업에 편리하기 때문'이라는 것이었다. 그러나 유교 윤리가 일반 백성의 생활에 뿌리 깊이 자리매김하고 있던 조선

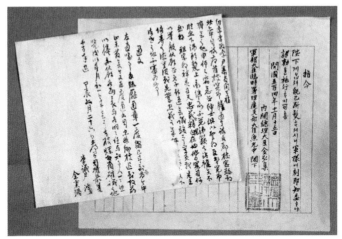
항일의병 봉기의 도화선이 된 단발령 지령

사회에서는 "신체·머리털·살갗은 부모로부터 물려받은 것으로 감히 훼상하지 않는 것이 효의 시작이다身體髮膚 受之父母 不敢 毀傷 孝之始也"라는 공자의 가르침 그대로 머리를 길러 상투를 트는 것이 인륜의 기본인 효의 상징이라고 여겼다. 그러므로 백성들은 단발령을 살아 있는 신체에 가해지는 심각한 박해로 받아들였고, 이 사건을 계기로 일제에 대한 반감은 절정에 달하였다.

을미사변에 이은 단발령 공포는 이처럼 한민족의 반일감정을 격화시킨 결정적 기폭제가 되어 전국 각지에서 항일의병이 일어나는 계기가 되었다. 이천의병(김하락)·제천의병(류인석)·강릉의병(민용호)·진주의병(노응규)·안동의병(권세연)·홍주의병(김복한) 등이 이때 봉기한 대표적인 의진이다.

한편, 갑신정변이 일어나기 전인 1884년 5월에 중앙 조정에서는 갑자기 전통 의복을 서양식으로 개조해 입으라는 '갑신변복령甲申變服令'을 반포하였다. 조선의 전통 의복은 조상 대대로 이어져 내려온 민족의 문화와 정신을 상징하는 것으로 간주되고 있었다. 그런데 이를 하루아침에 서양식 복제로 고쳐 입으라고 하는 것은 조선의 전통 문화를 훼손하고 정신을 바꾸는 극히 부당한 명령으로 받아들여졌다. 전국의 유림은 이러한 조처에 강력히 반발하여 상소를 올려 그 부당성을 지적하며 즉각 철회할 것을 요구하였다. 기호의 입제立齋 송근수宋近洙, 연재淵齋 송병선宋秉璿, 관동의 성재省齋 류중교柳重敎, 영남의 한주寒洲 이진상李震相 등이 그 부당성을 신랄하게 비판했던 대표적인 선비들이다.

이때 안동에서는 이상룡이 주축이 되어 이러한 변고에 어떻게 대처할 것인가 하는 문제를 두고 향촌사회의 유생들과 상의하였다. 그 결과 반대상소를 올리기로 하고 이상룡이 직접 상소문을 기초하였다. 실제로 중앙 조정에 상소를 올렸는지 여부는 명확하지 않지만, 이때 그가 상소문을 직접 지었다는 사실은 이 무렵 그가 지녔던 보수 유학적 사고를 짐작하는 단초가 된다. 한편, 그 뒤에도 수차례에 걸쳐 의제 변경이 이루어져 조선의 전통 복제는 점차 서양식 복제로 바뀌어 갔으며, 그 가운데 특히 1895년에 내려진 을미변복령은 유생들의 자존의식에 큰 충격을 주어 의병이 일어나는 중대한 원인 가운데 하나로 작용하였다.

이상룡은 1894년 동학농민전쟁과 청일전쟁이 연이어 일어나 정국이 극도로 불안해지고 인심이 흉흉해지자, 이로 말미암아 큰 충격을 받았다. 안동에서는 동학농민군의 직접적인 항쟁은 없었지만, 예천, 상주, 문경 등 인근 각처에서 농민군이 소요를 일으켜 양반 사대부들에 대해 노골적인 반감을 드러내었고, 또 청일전쟁이 발발하면서 대내외적으로 위기감이 크게 팽배하게 되었기 때문이다.

1894년에는 또 조부 이종태가 작고하는 큰 슬픔도 겪었다. 부친이 1873년에 일찍 타계하고 난 뒤 그의 조부는 20년이 넘도록 자신과 동생들을 돌봐 주던 든든한 버팀목이었다. 이 무렵 동학농민전쟁과 청일전쟁이 일어나 온 세상이 소란스럽게 되자, 이상룡은 할아버지의 영위靈位를 모시고 한적한 도곡陶谷에 있는 선조의 재실로 피신해 있었다. 이 무렵 외삼촌 권세연에게 보낸 서신에서도 풍기, 순흥 방면으로 피난할 것을 권유하거나 가족을 온전히 지켜 내기 위한 방편을 마련해야 한다는 점을 상기하였다. 이러한 사실로만 보더라도 이상룡은 조부가 서거한 1894년에 연속되는 큰 변란에서 커다란 충격을 받았음을 십분 짐작할 수 있다.

성리학을 공부하던 이상룡이 병학을 연구한 것도 이와 같이 혼란하고 위태로운 시대적 분위기와 무관하지 않은 것으로 짐작된다. 병법을 체계적으로 정리한 《무감武鑑》의 저술 시기가, 단언할 수는 없지만, 이 무렵일 것이다. 그는 또 도곡에 머무는 동안 영조 때 변진영邊震英이 만든, 화살을 잇달아 발사할 수 있는 무기 연노連弩를 깊이 탐구하고 만들어서 화살을 쏘는 실험을 하기도 하였다.

안동의병과 이상룡

안동의 유력한 인물들이 주축이 되어 의병이 일어난 것은 1896년 1월이었다. 1895년 11월 15일(양 1895년 12월 30일) 정부에서 단발령을 공포하였고, 얼마 뒤인 1월 13일 처음으로 예안통문이 나오면서 의병을 일으키려는 논의가 일어났다. 안동 일대에서 의병을 논의하기 위해 나온 통문 가운데 지금까지 알려진 것으로는 예안통문禮安通文을 필두로 삼계통문三

溪通文, 청경통문靑鏡通文, 호계통문虎溪通文 등으로, 거의 동시다발적으로 이러한 통문들이 나돌았던 사실만 보더라도 거사 논의가 얼마나 긴박하게 진행되었던가를 짐작할 수 있다.

청경통문의 주된 내용은 의병을 일으키는 문제를 논의하기 위해 봉정사에서 모임을 갖자는 제안이었다. 이와 같은 봉정사 회합 제안은 호계통문에서도 마찬가지였다. 이러한 주장에 따라 1월 17일(음 12월 3일) 금계 뒷산 너머에 있는 봉정사에서 40~50명의 유림 대표들이 회합을 갖고 장차 의병을 일으킬 방도를 협의하였다. 그 결의대로 다음 날인 1월 18일 유림대회의 성격을 띠는 향회鄕會가 1천여 명이 참여한 가운데 성대하게 열렸고, 그 자리에서 호계서원에다 본부인 도소都所를 차리고 1월 20일(음 12월 6일) 의병을 일으키기로 결의하였다. 당시 논의 과정에 참여한 핵심 인물은 이상룡과 깊이 관계된 스승 김흥락, 존고모부 김도화金道和를 비롯하여 류도성柳道性, 류지호柳止鎬 등이었다.

이러한 결의에 따라 1월 20일 안동부 삼우당三隅堂 앞뜰에서 1만여 명이 운집한 가운데 안동의병 편성 대회가 열렸다. 이긍연李兢淵이라는 인물이 남긴 일기에 따르면, 김흥락과 김도화를 비롯하여 류도성, 류지호, 류지영柳芝榮 등 5명이 대표로 상좌에 올라 대회를 이끌었다고 한다. 이들의 천거에 따라 이상룡의 외삼촌인 봉화 닭실의 권세연權世淵이 의병 대장에 추대되었다. 그리고 이튿날 권세연 의병장 아래 부장에 곽종석郭鍾錫이 선임되고 그 이하 중군장, 선봉장, 좌익장, 우익장 등 각 부서와 담당이 정해져 의진의 편제를 갖추게 되었다. 향교에 본부를 둔 안동의병의 기세가 충천하게 되자, 그날 새벽 관찰사 김석중金奭中은 신변에 위협을 느껴 야음을 틈타 예천 방면으로 도망하였다.

그러나 예천으로 물러나 있던 관찰사 김석중이 대구부 관군을 이끌고 다시 안동부로 밀고 들어오면서 사태는 급변하였다. 1월 29일(음 12월 15일) 안동부에서 전투가 벌어져 의진은 패산되고 말았다. 그 과정에서 노약자 등 수많은 안동 주민들이 부상을 입었는데, 당시 참경을 목격한 이긍연은 탄식하기를 "옛사람들이 지은 역사책에서나 볼 수 있었던 일을 내가 직접 목도할 줄 어찌 알았겠는가!"라고 하였다. 이후 의병장 권세연은 태백산중의 구마동九麻洞으로 들어가 다시 의병을 모으고 무기를 구입하면서 재기를 준비하였다.

안동의진이 봉기하던 당시 조부의 상중에 있던 이상룡은 앞서 언급한 대로 도곡에 물러나 있었다. 이러한 정황은 당시 그가 상중이었음을 생각하면 쉽게 수긍이 간다. 곧 안동의진의 동향과 관련하여 이상룡이 처음부터 그 전면에 적극 나서

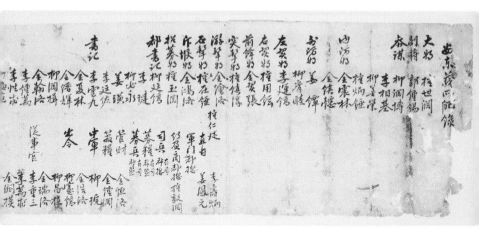

〈안동의소파록安東義疏爬錄〉

지 않았던 이유는 부친이 작고한 상태에서 조부상을 당한 장손으로서 상주 신분이었기 때문이다. 그럼에도 불구하고, 의병이 일어났다는 소식을 듣고는 공사의 중대한 의리에 비추어 상례喪禮만 고집하여 집에만 있을 수 없고, 또 재야의 사람들도 국난을 당해서는 사명을 다해야 하는 의리가 있다고 하면서 본가인 임청각으로 돌아와 권세연 의병장을 도왔다.

안동의진은 일단 후퇴했지만 곧 반격 준비를 갖추었다. 이중린李中麟이 이끄는 의진이 청량산에서 편성되었고 예천에서도 박주대朴周大에 이어 박주상朴周庠이 지휘를 맡으면서 안동을 중심으로 반격대열이 형성되었다. 더욱이 은밀하게 거의를 명령하는 국왕의 〈애통조哀痛詔〉가 이즈음 도착함으로써 의진의 사기는 더욱 고무되었다. 불리한 형세에 놓인 김석중은 순검들을 데리고 다시 안동을 탈출하였으나 이강년 의병장에게 잡혀 문경의 농암籠巖 장터에 효수되었다.

2월 25일 다시 안동 부중으로 입성한 안동의병은 향교에 본부를 두고 군자금 모집에 들어갔다. 2월 28일 향회에서 당일 2천 냥을 모은 것을 필두로 각 문중별로 의연금을 분배하여 거의 2만 냥에 이르는 거금을 모으기로 결정하였다. 이상룡의 고성이씨 문중은 5백 냥의 자금을 출연하기로 하였다. 당시 문중별 할당 내역을 보면 마을 규모와 문중 성세가 가장 큰 하회의 풍산류씨, 무실의 전주류씨, 닭실의 안동권씨 문중이 각 1천 냥씩 염출하기로 하였고, 내앞 의성김씨 문중이 8백 냥, 그리고 금계와 해저의 의성김씨 문중이 각 5백 냥씩 배당받았다. 권세연이 거느리던 안동의진은 이와 같이 막대한 군자금을 확보하고, 나아가 의진의 체제를 개편하면서 전열을 가다듬는 한편, 인근의 봉화의진, 제천의병의 별진인 서상렬徐相烈 부대와도 연합전선을 구축함으로써 진용을 일신하였다.

이상룡은 안동의진이 편성되어 활동하는 동안 의병장 권세

연을 열성적으로 보필하면서 군무를 보았다. 아들 이준형이 남
긴 기록에 "권공이 병신년에 재차 거의한 뒤로부터 대장직을
사양하여 바뀔 때까지 실패함이 없게 된 것은 대다수가 부군
의 계획에서 나왔다."고 한 대목이 그러한 사실을 알려 준다.

　당시 이상룡은 안동뿐만 아니라 인근 각지에서 일어난 다른
의진에서도 합류해 주기를 요청받은 사례가 있었던 것 같다.

특히 그가 지녔던 뛰어난 식견, 병학의 조예, 명문가 후예로서의 권세 등으로 말미암아 의진을 이끌 적임자로 지목되었음을 알 수 있다. 아들 이준형이 남긴 다음 기록이 그러한 정황을 알려 준다.

> 이때 각 군에서 의병이 벌떼처럼 일어났는데, 모두 사람을 보내 자문하였고, 더러는 망지望紙를 보내와 의거에 참여하기를 권유하기도 하였으나, 부군은 모두 예법에 의거하여 엄중히 사양하였다. 그러나 의견이 미치는 바가 있으면 마음을 다해 도와주지 않은 적이 없었다.
>
> (〈선부군유사〉, 《석주유고》 598쪽)

이상룡은 위 인용문의 내용처럼 권세연이 이끈 안동의진만이 아니라 그밖에 부근에서 일어난 의진의 활동, 동향과 관련해서도 다양한 형태로 힘을 보탠 것으로 짐작된다.

그런데 외숙부 권세연 의병장은 봉화, 제천, 안동 세 의진의 8백 명이 모여 연무당鍊武堂에서 연합의식을 치르고 난 이튿날(3월 12일) 대장직을 전격 사퇴하였다. 의진 주도층 내부에 상존하던 갈등과 반목이 그 배경이 되었을 것으로 추측되기도 한다. 이때 권세연이 사퇴를 발표한 문건 〈의병재거후의장

단자義兵再擧後義將單子〉는 권세연을 대신하여 이상룡이 작성한 것이었다.

권세연이 의진의 전면에서 물러나게 됨으로써 이상룡의 역할도 실질적으로 종료되었다. 다만 권세연 후임으로 의병장에 오른 김도화에게 비판적 관점에서 의진의 실상을 알리면서 그 실효적 대책을 건의한 것은 특기할 만하다. 이때 그가 지적한 것은, 지휘부가 군사적 식견 없이 의진을 통솔함으로써 시행착오를 겪게 되었으며, 군사들은 훈련이 부족하고, 의진의 운용에 필수적인 군물과 재정도 무계획적으로 집행되고 있다는 점 등 당시 의진의 절급한 문제들이었다. 나아가 그 대안으로서 이상룡은 군율을 엄격히 할 것, 군사들을 제대로 훈련시킬 것, 무기와 군량을 확보하고 아낄 것, 유능한 인물들을 충원하여 지휘부를 구성할 것 등을 제시하였다. 이상룡이 제시한 방안들은 안동의병을 넘어 당시 전국 각지에서 활동하던 전기의병의 여러 의진에 전반적으로 널리 적용할 수 있는 보편적 사항이라고 할 수 있다.

향약 시행

반년 이상 지속된 의병의 활동으로 안동지역의 민심은 크게 동요하였다. 관찰사가 쫓겨나고 관군과 일본군이 입성하는 등 향촌사회의 분위기는 매우 험악해졌다. 특히 안동의진을 비롯해 호좌·풍기·순흥·영주·봉화·예안 등 7읍 연합의진이 3월 29일 상주 태봉胎封의 일본군 병참기지를 공격하다가 패한 뒤 안동 일대는 큰 피해를 입었다. 태봉전투가 끝난 뒤 일본군은 의병을 추격하여 4월 2일 송현松峴, 현 안동시 송현동까지 이른 뒤 안동부를 의병의 소굴이라고 여기고 민가에 불을 질렀다. 바람을 타고 불길이 안동 도심으로 번져 1천여 호의 민가가 잿더미로 변하는 참극이 벌어졌다. 이때 새로 부임한 안동관찰사 수당修堂 이남규李南珪, 1855~1907는 일본군의 만행에 항거하여 즉시 사직소를 올리고 고향인 충남 예산으로 귀향하였다.

뿐만 아니라 일본군은 안동 일대의 의병을 주도한 세력이 퇴계 이황의 혈통과 학맥을 이은 인물들이라고 간주했기 때문에 5월 31일 상계의 퇴계 종택에도 불을 질러 집과 서적을 불태우는 만행을 저질렀다. 이처럼 안동지역은 전기의병 당시 향촌사회 전체가 수난을 당하고 인심이 동요하는 피해를 입었던 것이다.

1898년 무렵부터 수년 동안 이상룡은 이처럼 피폐해진 안동의 향촌사회를 안정시키기 위한 방도로 전통적 자치규약인 향약을 시행하였다. 향촌사회의 지도층인 사족들이 솔선하여 전통적 미풍양속을 보존하고 주민을 선도한다면 향촌사회의 질서를 회복하는 데 큰 도움이 되리라고 기대한 것이다. 이에 그는 전주류씨 가문의 종손 류창식柳昌植, 동문인 김형모金瀅模 등 사우들과 향약을 시행하는 문제를 상의하고 협조를 구하는 한편, 여씨향약을 현실에 맞게 고치고 선인들이 시행한 향약의 규범을 참고하여 새롭게 향규鄕規를 만들었다. 이상룡은 매월 초하루마다 사우들과 향교에 모여 선성先聖과 선사先師를 배알하고 모두 그 자리에 둘러앉아 종일 강론하였다.

전기의병이 종료된 뒤 이상룡이 시행한 향약은 향촌사회의 타락한 도덕성과 피폐해진 민심 회복을 위한 일종의 향촌사회운동이었다. 그로부터 10년 뒤 설립되는 대한협회 안동지회가 향촌사회의 자치문제를 더 진지하게 파고들었던 사실을 염두에 둔다면, 이상룡이 시행한 향약은 그 토대를 마련하는 선행작업이기도 하였다.

이 시기 이상룡이 향촌사회를 안정시키고 질서를 회복시킬 주체로서 사족의 역할을 중시하고 있었다는 점도 주목된다. 이러한 생각과 신념의 토대 위에서 철폐된 서원의 복설復設을 주장할 수 있었다. 1900년 서원 복설을 주장하는 상소에서 그는 "서원을 철폐한 뒤로 향촌의 풍속이 날로 쇠퇴하고 원기를 잃어갔다. 사악한 기운을 머금은 금수禽獸가 전국을 누비고 있는 실정"이라고 지적한 대목은 이러한 맥락에서 이해할 수 있다. 그때까지 그는 전통 선비의 도덕성과 규범성을 엄격하게 견지하고 있었던 것이다.

가야산 의병 근거지 구상

안동에서는 1896년 전기의병 당시 유력한 문중과 퇴계학맥을 중심으로 유림세력이 규합하여 거의한 뒤 반년 이상 거세게 항일투쟁을 벌였다. 그 뒤 1905년 을사조약 늑결 이후에는 집단적인 무장투쟁의 모습이 보이지 않았다. 이와 같은 현상은 전기의병에 안동의 전 민력이 투입된 후유증 또는 여파일 수 있을 것으로 짐작된다. 그런데 이상룡은 을사조약 늑결 이후에도 구국을 위한 의병의 항일전을 계획하고 이를 실천하고자 하였다.

전기의병 이후 이상룡이 의병 재기를 구상한 것은 을사조약 늑결 이전으로 거슬러 올라간다. 그는 의병을 일으키기에 앞서 먼저 뜻을 함께 하는 각처의 지사들과 긴밀하게 연락하면서 거사를 준비하였다. 예천군 용궁면 나산의 세심헌洗心軒

신돌석 초상화

운강 이강년
©운강이강년기념관

이규홍李圭洪을 비롯하여 서울에 있던 김현준金顯峻, 그리고 거창의 은표隱豹 차성충車晟忠 등이 이상룡의 의병 거사와 깊이 관련된 인물들이다. 이들과 기맥을 통하면서 재원을 마련하고 군사를 모집하여 훈련하면서 거의를 준비하였다. 또 안동 외곽에서 활동하던 문경의 이강년李康秊, 영해의 신돌석申乭石 의병장과도 긴밀하게 연계하면서 항일전을 추진해 갔다.

거의를 결심한 이상룡이 거창에서 차성충과 함께 가야산에

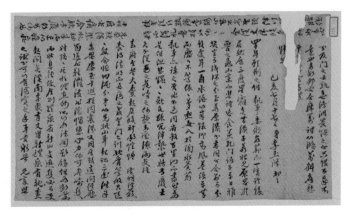

세심헌 이규홍의 필적
ⓒ한국국학진흥원

의병 근거지를 세울 수 있도록 계기를 마련해 준 인물은 이규
홍이었다. 예천의 이규홍이 1905년 음력 3월 무렵 서울에서
김현준과 만나 거창의 차성충이라는 지사를 소개받고 6월에
는 거창으로 가서 그를 만나 거의 방안을 논의하였던 것이
다. 이후 이규홍은 이상룡과 연락하여 "금일의 도리로 말하
자면 어떻게 하는 것이 도리에 합당하고 어떻게 하는 것이
합당하지 않겠는가? 때를 헤아리고 힘을 헤아려서 참된 마
음으로 일을 추진하는 것이 금일 해야 할 도리"라고 하면서
거사 계획을 알리고 동참해 주기를 바랐다. 이때가 1905년

11월 을사조약 늑결 전후로. 반일적개심이 한창 고조되어 가던 무렵이다. 이들과 거사를 함께 하기로 한 이상룡은 이때부터 동지들과 서로 긴밀하게 연락을 주고받으며 거사에 필요한 자금과 무기를 모으는 등 계획을 추진해 갔다.

이상룡은 차성충과 거사 문제를 더 밀도 있게 협의하고 계획을 추진하기 위해 음력 섣달에 거창군 가조를 직접 찾아가 그곳에서 설을 맞았다. 의병 전야에 객지에서 새해를 맞이하는 외롭고 고단한 심경이 다음 시에 잘 드러나 있다.

고향 소식은 멀기만 하고	音書鄕國遠
아는 사람은 드무네	顔面故人稀
세상을 논하며 때를 기다리고	論世捫王虱
몸을 근심하며 시운을 맞추네	憂身問蜀龜
올해 나이 마흔 아홉	今年四十九
이제사 지난 잘못 깨닫네	從此悟前非

1906년 정초에 안동으로 돌아온 이상룡은 도곡에서 이규홍과 수일 동안 함께 지냈다. 그동안 거창에서 차성충과 협의한 내용들을 알리고 이를 토대로 거의하기로 협의한 것이다. 그리고 거창의 차성충도 이상룡을 찾아와 거사와 관련된

구체적 사안들을 점검하였다. 이처럼 을사조약 늑결 직후인 1906년 초에 들어와 이상룡은 차성충, 이규홍과 계속 내왕하면서 의병을 일으킬 준비를 하였다. 하지만 이때 이상룡이 차성충을 전면에 내세워 추진한 거의 계획의 구체적인 내용은 유감스럽게도 아직은 확인할 수 없는 실정이다.

이들이 추진하던 거사 계획은 문경의 이강년 의진과도 연계되어 있었다. 그리하여 1906년 하반기에는 이강년 의병장이 직접 거창으로 가서 차성충을 만나고 왔으며, 1907년 2월에는 이규홍이 거창의 차성충을 방문한 데 이어 이강년의 의소도 찾았고, 또한 차성충도 이강년의 의진을 방문하는 등 거사를 앞두고 빈번한 내왕이 이루어졌다.

1907년 11월에는 이규홍이 또 차성충과 함께 도곡으로 이상룡을 찾아갔다. 그 직후인 1908년 정월에 이상룡은 거금 1만 민금縉金의 군자금을 마련하여 이규홍을 통해 거창의 차성충에게 전달하였다. 차성충은 그 군자금을 가지고 1908년 2월 가야산에서 군사를 모으고 무기를 확보하여 의병을 일으켜 먼저 거창에 주둔한 일본군 수비대를 격파하기로 계획을 세웠다.

그러나 기밀이 누설되어 계획을 실행하기기도 전에 일본군의 습격을 받고 말았다. 가야산 진지에 비축한 무기는 빼앗기고, 의병들은 뿔뿔이 흩어져 구국의 항일전을 펼치려던 원대한 꿈이 무산되고 만 것이다. 패산한 차성충은 1908년 3월 안동으로 이상룡을 찾아와 그동안 진행된 거사의 전말을 알렸다. 3년 동안 일관되게 정성과 노력을 기울였음에도 불구하고, 이상룡이 계획한 의병의 항일전 구상은 일순간에 좌절되고 말았다.

한편 차성충은 그 뒤에 계속 의병에 투신하여 항일전을 벌였다. 신돌석 의진을 찾아가 재기를 도모하려 하였고, 다시 이강년의 피체 뒤 항일전을 이어가던 김상태金相泰와 함께 1909년 3월 수백 명을 모아 순흥의 산중에서 의진을 편성하였다. 의병장 차성충은 중군장 김상태와 함께 풍기, 순흥, 영주 일대를 전전하면서 일제 군경을 상대로 두 달 동안 항일전을 벌였으나 불행히도 그해 5월 전사 순국하고 말았다.

이상에서 보았듯이 을사조약 늑결 이후 이상룡이 추진한 가야산 의병 근거지 구축과 거의 계획은 예천, 서울, 거창 등 각지의 여러 인사들과 제휴하여 3년여에 걸쳐 장기간 준비를 도모했다는 점이 다른 의병과 확연히 구별되는 특징이다. 그럼에도 불구하고 기밀 누설로 말미암아 원대한 계획과 구상이 한순간에 수포로 돌아가자, 이상룡은 큰 충격을 받고 국권회복의 첩경이라 믿었던 의병투쟁의 한계를 절감함으로써

새로운 방략을 강구하지 않을 수 없게 되었다. "산골짜기에
문을 닫고 앉아 있으면서 승패를 점쳤으나 한 가지도 맞지 않
았다. 이는 분명히 시국에 어두웠기 때문이다."라고 스스로
탄식한 대목은 거의에 실패하던 그 시절. 그가 절감한 반성어
린 고뇌를 잘 대변해 준다.

제 3 부

신학문 수용과 구국계몽운동

신학문의 수용

이상룡은 1894년 청일전쟁으로 일제의 국권침탈이 노골화된 이후 줄곧 의병의 구국항전에 희망을 갖고 여기에 매진하였다. 전기의병 당시에는 조부상을 당해 직접 의진에 투신할 수 없는 처지에서 군무를 조언하고 군자금을 지원하는 등 간접적으로 참여하였고, 을사조약 늑결 무렵부터 1908년에 이르는 동안에는 서울, 예천, 거창 등지의 지사들을 비롯하여 이강년. 신돌석 등의 의병장들과 연계하여 항일전을 수행하기 위해 백방으로 노력을 기울였다. 그러나 이상룡은 이러한 과정에서 유림이 주도했던 향약이 향촌사회의 안정에 크게 기여할 수 없다는 사실을 깨달았고, 또 특정 인물들에 의해 고립분산적 형태로 전개되는 의병의 항일전이 구국의 방편으로서 가지는 한계를 절감하게 되었다. 이 무렵 지은 〈우음偶吟〉이라는 시에서 그가 수구와 개화. 그리고 의병이 갖는 모순과 한계를 아울러 지적한 것은 결코 우연이 아니다. 그동안 절실하게 생각하고 참되게 실천하는 과정에서 나온 깊은 고뇌와 성찰의 산물이었던 것이다. 그 가운데 수구의 한계. 곧 유학의 사변적 공허함을 지적한 대목을 보면 당시 그가 고뇌했던 절절한 심적 고통을 짐작할 수 있을 것이다.

유학 공부 오십 년　　　　　五十年看孔孟書
미세한 의리조차 모조리 살펴도　蠶絲義理柝無餘
공허한 말뿐 무슨 도움 되리오　畢竟空言何所補
돌이켜 몸에 입은 옷 부끄럽네　反身還愧有襟裾

그동안 온갖 성력으로 공부해 온 유학을 스스로 '공허한 말(空言)'로 단정한 것이다. 이에 그는 일제 침략세력의 실체

이상룡이 스승 서산 김흥락에게 보낸 서찰(1897)

에 대한 관심과 국내외 정세에 대한 인식, 시국에 대한 안목
을 기르는 데는 서양의 근대사상, 특히 정치, 사회사상에 대
한 이해가 있어야 함을 자각하고 그 공부에 매달렸다.

마침내 이상룡은 신학문을 수용하고 유교 혁신을 주장하
였다. 그 결과 동아시아의 전통적인 중국 중심주의, 곧 화이
론적 세계관에서 벗어나 보편적 세계관을 가지게 되었다. 중
화와 오랑캐, 곧 화이를 지나칠 정도로 엄격하게 구분하여 외
국 문물이면 선악을 따지지 않고 무조건 배척하는 조선 유학

자들의 태도를 노예의 근성이라고 비판하였다. 그에 따르면 오랑캐라는 개념은 중국인들이 다른 종족을 멸시하기 위해 붙인 이름일 뿐이라는 것이다.

조선조 유생들의 금과옥조인 전통적 화이관에서 자유로워진 이상룡은 민족주의적 관점에서 고대사를 주체적으로 정리할 수 있었다. 그의 역사관은 삼한에서 신라, 백제, 가야로 이어지는 역사보다 단군조선에서 부여와 고구려, 그리고 발해로 이어지는 역사를 더 정통으로 인식하는 데 있었고, 그 결과 독립운동의 새로운 무대로 떠오른 만주를 우리 민족의 고토故土로 자연스럽게 인식하게 되었다.

이상룡은 계약론에 따른 새로운 국가론을 받아들였다. 서구의 계약론적 사유를 수용하여 국가는 구성원들 사이에 맺어진 계약의 산물이라는 입장을 견지하였다. 여기에 따르면 국가는 자연상태에 고립되어 있으면 생존을 유지할 수 없으므로, 사람들이 생존을 위해 자각적으로 선택한 계약의 결과로 국가가 성립된다는 것이다. 나아가 이상룡은 스위스 태생의 독일 법학자 블룬칠리Johann Kaspar Bluntschli, 1808~1881가 주장한 국가유기체설을 수용하여 국가를 그 구성원보다 우선시하는 입장을 보였다. 국가는 스스로 성장 발육해 가는 유기체로서 그 자체가 목적의식을 가진 존재라는 것이다.

이상룡이 견지한 이러한 국가관과 국가의식은 특히 진화론과 결합되어 개인의 희생으로 사회를 이롭게 하고, 현재의 희생으로 미래를 이롭게 하는 것이라는 생각에까지 미쳐 살신성인을 요체로 하는 항일독립운동의 정신적 토대가 되었다.

이상룡은 또 조선의 전통적 신분제 질서를 벗어나 평등사회를 지향하였다. 특히 서간도 망명 이후 그가 보여 주는 행보는 만민평등을 주창하는 입장이 뚜렷이 드러난다. 서간도 한인사회의 대표적인 자치결사인 경학사耕學社를 필두로 여러 자치결사를 조직하는 과정에서 나타나는 대중적 역량 강조와 사회주의 이상을 수용하면서 노동자, 농민이 해방된 사회를 궁극적인 대동사회로 인정하는 모습 등은 그가 확실하게 유교적 입장의 신분제 사고에서 벗어났음을 알려 준다.

역사에서 이상룡이 견지했던 관점은 역동성이었다. 유교의 전통적인 복고적 역사관을 부정하고 사회주의적 이상을 접목시킴으로써 유교의 역사관에 진보적인 역동성을 부여하였다. 그는 역사를 다군시대(추장-봉건 및 세경世卿) — 일군시대(전제군주-입헌군주) — 민주시대(총통-무총통)로 이어지는 일원적 발전론으로 파악하였다. 또한 동양의 전통적인 역사관인《춘추》의 공양삼세설公羊三世說을 여기에 결부시켜 각 시대의 두 번째 단계, 곧 '봉건 및 세경', '입헌군주', '무총통' 등의 단계를 각각 거란세據亂世 — 승평세升平世 — 태평세太平世와 연결하고, 그 가운데 승평세는 《예기》에서 말하는 '소강小康'에 해당하고 태평세는 '대동大同'에 해당한다고 간주하였다. 곧 사회주의가 바로 대동사회로 이행하는 진로라고 적극적으로 평가하였다. 곧 이상룡이 견지한 유교의 대동사회론과 춘추삼세설은 역사가 나가야 할 정당한 방향을 제시한 진보적 역사관의 전형이라고 할 수 있다. 이처럼 그는 유교의 대동사회가 표방한 이상세계와 사회주의가 표방한 이상세계를 합일시킴으로써 유교의 본질을 수구적 학문에서 인류 역사의 모든 가능성을 인도하는 진보적 학문으로 귀결시켰다. 곧 이상룡이 도달한 신학문, 신사상은 일제가 국권을 침략하던 당시의 절대적 위기상황에서 구국의 방략을 실천하기 위해 이론적, 실천적 학문으로 이를 수용했다는 점에 큰 특징이 있다.

협동학교와 이상룡

전통 성리학에 대한 치열한 자기 성찰과 반성을 통해 새로운 근대사상을 수용하기로 결단을 내린 이상룡이 국권 수호의 방편으로 우선 착안한 분야는 근대 민족교육이었다. 교육을 향한 그의 열정과 희망은 이 무렵 지은 다음 시구에 잘 드러나 있다.

> 교육 십년이면 오히려 가망이 있으리니　　敎育十年猶有地
> 공연히 절망하면 어찌하리오　　　　　　　空然絶望欲如何

위 구절에서 언급한 '교육'이 그 구체적 대상을 상정한 것인지의 여부는 확실치 않지만, 이상룡은 사상 전환 이후 협동학교協東學校에 적극 관여하면서 안동지역의 신교육운동을 이끌게 되었다.

안동에서는 류인식柳寅植과 김동삼金東三, 그리고 김후병金厚秉 등 지역유지들이 중심이 되어 1907년 내앞(川前)에 협동학교를 설립하고 이듬해부터 학생들에게 신교육을 실시하였다. 이상룡은 학교 설립과정에는 관여하지 않은 것으로 보이고, 오히려 이 무렵에는

김동삼과 협동학교 교직원

협동학교에서 사용한 대한제국 전도
©독립기념관

앞서 보았듯이 거창의 차성충 등과 의병투쟁 구상에 전념하고 있었다. 그가 협동학교에 관여하게 되는 것은 의병의 항일전 계획이 무산된 직후, 곧 협동학교가 학생들을 모아 교육을 개시할 무렵으로 짐작된다.

협동학교는 설립 당시에 주로 안동 각 문중이 재원을 갹출하여 마련되었다. 협동학교 취지문에 따르면, 동쪽의 7개 면이 합동하여 학교를 세웠다고 한다. 이러한 정황으로 보아, 법흥의 고성이씨 문중에서도 학교 설립을 위해 일정 금액을 출연하였을 것이다. 이상룡의 처남인 김대락은 1909년 자신의 50칸 가옥을 가산서당可山書堂을 대신해서 협동학교 교사와 기숙사로 쓰도록 제공하고 자신은 작은 집으로 옮겨갔다. 학교 설립 당시에는 매우 완고한 자세를 보이던 김대락이 이처럼

가산서당
경상북도 안동시 임하면 독립기념관길 2 소재.

교육사업에 적극적으로 협조한 것은. 신학문을 주창하던 이
상룡의 영향과 역할이 컸으리라 짐작된다.

이상룡의 조카인 이운형李運衡과 이문형李文衡, 이명 光民은
협동학교를 졸업하였다. 또 김대락의 아들인 김형식金衡植을
비롯하여 의성김씨 가문의 자손 다수가 교직원 또는 학생으
로 협동학교 출신이었다. 이상룡과 협동학교의 긴밀한 관계를
충분히 짐작케 하는 대목이다.

협동학교 습격 기사
《황성신문》 1910년 8월 2일자.

1910년 7월에는 예천지역의 의병이 개화를 추종하는 신식
학교라는 이유로 협동학교를 습격하여 교사들과 학생을 살해
하는 참화가 일어났다. 이상룡은 이때 희생된 교감 김기수金
箕壽와 교사 안상덕安商德의 공덕을 애절하게 추모하는 연작
시를 남겼다. 그 가운데 한 수를 소개한다.

뜨겁도다, 지사의 피여	熱哉志士血
한 방울도 헛되이 흐르지 않았네	一點不虛流
방울마다 기초를 이루었나니	滴滴成基礎
다음 사람들이 효험을 보리라	來人效果收

미래지향의 구국교육을 향한 이상룡의 간절한 희망과 염원이 위 시에 절절히 배어 있음을 볼 수 있다. 이를 통해서도 이상룡과 협동학교의 밀접한 관계를 충분히 감지하게 된다.

안동의 협동학교는 서울에서 결성된 비밀 독립운동 결사인 신민회新民會의 활동과 긴밀한 관련성을 갖고 있었다. 특히 위에 든 김기수, 안상덕을 비롯하여 이관직李觀稙 등의 교사들이 신민회의 추천에 따라 파견되었다는 사실은, 신민회가 협동학교에 인적 지원, 또는 그 이상의 관계를 가졌을 개연성을 보여 주는 것이다. 이러한 점에서 협동학교는 안동지역에 대한 신민회의 교두보 확보라는 의미를 가지는 것이며, 동시에 경상도 북부지방 계몽운동의 효시가 되었다. 이상룡과 신민회의 상호 연관성은 이런 정황으로도 짐작할 수 있지만, 더 이상 구체적으로 관계를 밝힐 수 있는 자료는 없는 실정이다.

대한협회 안동지회의 결성

— 결성과정

대한협회大韓協會 안동지회는 국권 수호를 위한 현실적 방안을 모색하던 이상룡이 대중 계몽운동의 방편으로 결성한 것이었다. 그는 나라를 지키기 위해서는 나라의 주인인 국민이 우선 그 자격을 갖추어야 한다고 생각하였다. 따라서 분산된 민력民力을 하나로 모아야만 하였고, 이를 위해서는 신분과 계급을 초월하여 국민의 모든 구성원이 참여할 수 있는 단체의 결성이 요구되었다. 이런 점에서 대한협회 안동지회는 이상룡이 그동안 추진하던 유림 중심의 향촌사회운동인 향약의 한계를 극복하기 위한 대안이기도 하였다.

대한협회는 대한자강회大韓自强會 강제해산 뒤 그 후신으로 1907년 11월 국가의 부강, 교육과 산업의 육성을 목표로 서울에서 결성된, 계몽운동 노선을 표방한 정치단체였다. 1906년 4월에 창립되어 국민계몽에 앞장서던 대한자강회가 1907년 8월 보안법을 위반했다는 이유로 해산당하자 그 단체의 주요 인물인 윤효정尹孝定, 장지연張志淵 등이 권동진權東鎭, 오세창吳世昌 등 천도교 계열의 인물들과 제휴하여 설립한 것이었다. 이 단체의 강령을 보면 교육의 보급, 산업의 개발, 생명과 재산의 보호, 행정제도의 개선, 관민 폐습의 교정, 근면 저축의 실행, 그리고 권리·의무·책임·복종 사상의 고취 등 7개 항목으로 되어 있다. 곧 대한협회는 을사조약과 정미칠조약의 늑결勒結로 국권을 침탈당한 현실에 낙망하지 말고 스스로 열심히 실력을 양성하여 현실을 개선해 나가자는 취지에서 설립된 단체였다. 대한협회가 설립될 때 안동에서도 이상룡과 가까운 사이였던 동산東山 류인식柳寅植이 발기인으로 참여하였다.

서울에 본부를 둔 대한협회는 교육부, 실업부, 법률부, 재무부, 지방부 등의 부서를 설치하고 부서별로 활동을 벌였다. 그리고 전국 각 지방에 지회를 설치하여 범국민적 계몽운동 단체로 뻗어 나갔다. 1908년 11월 대한협회에서는 지회를 설치하기 위해 각 지방에서 영향력을 행사할 수 있는 유력한 인사들을 대상으로 서신을 발송하였다. 안동에서는 이상룡이 그 편지를 받았다.

이상룡은 지회 설치에 응하겠다는 답신을 서울의 본부에 보냈다. 답신에서 그는 "국가는 진정한 국민의 자격과 국민의 정신을 가진 국민에 의해 세워지는 것이다. 그런데 조선은 2천만이 모두 자기만 알고 나라를 알지 못하여 나라의 권리가 모두 다른 사람의 손아귀에 들어가고 말았다."고 하여 자격과 정신을 갖춘 국민의 존재가 근대적 자주 국가를 세우는 데 반드시 필요한 요건임을 상기하고 국민의 자격을 갖추도록 하는 일이 급선무임을 강조하였다. 나아가 그는 "나라를 위하는 방법으로는 단체를 만드는 것(群)보다 나은 것이 없다. 단체를 만들어야만 나라(內界)를 발달시키고 외국(外界)과 경쟁

할 수 있다. 저 열국列國을 문명이라 부르고 우방을 강대하다
고 부르는 것은 이 방법을 먼저 알았기 때문이다."라고 현 시
점에서 사회단체의 역할과 기능을 적극적으로 역설함으로써
지회 결성의 필요성에 깊이 공감하던 사실을 알려 준다.

이처럼 이상룡이 사회단체의 필요성을 자각하던 즈음에
대한협회 안동지회를 설립하게 된 배경을 언급한 다음 대목
이 주목된다.

나는 암혈巖穴의 보잘 것 없는 사람으로 시국의 변화도
모르면서 오직 옛날 소견만으로 앉아서 승패를 점쳤다. 여
러 번의 시도가 다 효험을 보지 못하고 그런 후에야 오직
국민이 모인 단체가 나라를 보전하는 중요한 방법임을 알
았다. 온 나라를 둘러보아도 큰 단체로서 대한협회만한 것
이 없으니, 그 전신은 곧 대한자강회[독립자강회]라, 드디어
우리 대한의 정신이 여기에 있음을 믿어 의심치 않고 지회
를 조직하였다.

대한협회가 당시 가장 규모가 큰 대표적인 계몽 사회단체
였을 뿐만 아니라, 이 단체가 특히 애국계몽운동을 펼치며 민
의를 대변하다가 해산당한 대한자강회의 후신이라는 점에서

《대한협회 회보》 제10호 표지(왼쪽)와 〈답경구지사동정서〉(오른쪽)

'대한의 정신'을 상징하는 단체라고 믿어 의심치 않았던 사실
을 알려 준다.

　이상룡이 안동에 대한협회 지회 설립을 추진하던 시기는
1908년 말부터였다. 앞에서 언급한 지회 설립 요청을 승낙한
이상룡의 답신 〈답경구지사동정서答敬求志士同情書〉가 1909년
1월에 발간된 《대한협회 회보》 제10호에 실려 있는 점으로 보
아, 그보다 다소 앞선 전년도 말부터 지회 설립 노력을 기울였
을 것으로 짐작되기 때문이다.

그러나 지회 설립 과정은 결코 순탄치 않았다. 신사상을 거부하는 향촌 유림의 반응은 특히 냉담하였다. 유력한 문중 인사들과 학자들을 찾아다니면서 지회의 성격과 설립 목적을 설명하고 이해와 지지를 호소하였으나, 그들 가운데는 이러한 주장과 활동을 이단으로 몰아가며 반기를 드는 사람조차 있었다.

안동지회 설립을 위해 동분서주하던 무렵인 1909년 2월, 이상룡이 안동경찰서에 구금되어 수난을 당하는 사건이 일어났다. 그 전년에 차성충 등과 함께 합천 가야산을 중심으로 의병 근거지를 구축하는 한편, 이강년, 김상태, 신돌석 등의 의진과 연계하여 항일전을 추진하려던 계획이 이때에 와서 일경에 탐지되었던 것이다. 일경으로부터 문초를 받았지만, 그는 당당하고도 의연하게 대처하였다. 뿐만 아니라 그의 지인들과 주민들이 경찰서에 몰려와 그의 석방을 요구하는 항의시위를 벌이기도 하였다. 결국 의병과 연루된 단서를 확인할 수 없었던 일경은 한 달 뒤인 3월에 그를 방면하지 않을 수 없었다.

대한협회 안동지회는 이상룡이 안동경찰서에서 석방된 직후인 1910년 음력 3월에 설립되었다. 전국 86개 지회 가운데 60번째였다. 대한협회의 지회는 부府와 군郡 단위로 설치되었고. 면 단위에서는 분지회를 설치하도록 했다. 지회 설립규정에 따르면. 부와 군의 유력한 인사 50인 이상이 연명하여 입회 및 지회 설립 신청을 하면 평의회에서 시찰위원이 파견되어 회원 가운데 지식이 있고 명망이 높아 지회를 운영할 만한 인물 세 사람 이상이 있다는 것을 확인하고 난 뒤 허가하였다.

— 취지와 목적

이상룡은 계몽 사회단체인 대한협회를 오늘날의 정당으로 인식하였다. 안동지회를 설립하면서 발표한 취지서에 그러한 인식이 잘 나타나 있다.

> 대한협회라는 것은 대한 국민의 정당이 되는 모임이다. 오호라. 우리 한국도 또한 국민이 있는 것인가? 대개 나라는 백성들의 공산公產이고, 백성은 나라의 주인이다. 저 문명국의 백성들은 사람마다 모두 이런 의무를 알아서 국사는 국민이 다스리고, 국법은 국민이 정하고, 국리國利는 국민이 일으키고, 국난은 국민이 방어한다. 그러므로 그 백성들은 업신여길 수 없고 그 나라는 망하게 할 수가 없으니, 이를 국민이라고 하는 것이다.

通行之規良宜己驗之方也蓋養德法用此道而勉
興印也猶𣴎不用此今為我韓之討者扸斯
二轍將何捨而何取為仍念吾南素柄鄉曾之鄉服
習先儒之教淵淵列聖之澤所謂忠報國之義
所誦者臨亂致命之訓以昔日論之村村庠塾家家
詩禮豈不誠蔚然盛哉降自叔李士風日靡歷室學
而尚虛文志公盍而驚私利束身寡過焉不二法門
閉門高卧為無上名卽是豈吾嶺之人獨色愛國之
誠而然也其必不時執耳抑或知之而無可救之術
耳西哲有言曰英雄能造時勢顧亭林曰國家與七
匹夫與有責焉吾輩雖不敢以英雄自命而匹夫身
上之責豈敢通貢不償以自外扵人類哉茲與遠近
同志組織支會一團聯絡扵京城本會以言趣旨則
政治也教育也產業也以言目的則保國也保家也
保種也淬勵本有之舊學參來未備之新法要使精
神團合智德並進以與復大韓自主之權也凢我南
鄉紳士欲献身扵國事者須念吾顏之易地更察孔
孟芝時措勿以困難而趑趄勿以誠毀而猶豫勿嫌先
倡之匪人勿憲大事之難諸陸續入會恊力共濟深
所望幸

이상룡이 쓴 위 취지서의 의미는 국민이 나라의 주인이기 때문에 국가의 일, 국가의 법, 국가의 이익, 국가의 재난 등 나라에 관한 모든 것이 국민의 책임이고 권리라는 것이다. 그런데 4천 년의 장구한 역사를 가진 대한제국은 오늘날 일제의 침략을 받아 그 보호국으로 전락하고 말았다. 국민은 있으나 자유가 없고, 독립의 의지가 없으니 어찌 망하지 않을 수

〈대한협회 안동지회 취지서〉
《석주유고》 수록.

있겠는가 탄식하였다. 그러므로 나라의 권리를 대부분 빼앗겼지만 이제라도 현실을 직시해 국민된 의식과 실력을 배양할 것을 촉구한 것이다.

이상룡은 또 나라의 장래를 진흥하고 부강시킬 방법은 사회 각계각층이 단체를 조직하는 일이라고 하였다. 정치하는 사람은 의회를 만들고, 글읽는 선비들은 배움의 단체를 만들고, 농민은 농민의 모임을 만들 것이며, 상인은 상인회를 만들고, 공업하는 사람은 공업회를 각기 만들어서 단체별로 실력과 의식을 배양하면 민지와 국력이 날로 증진될 것이라고 주장하였다.

이상룡은 이러한 생각을 바탕으로 대한협회 안동지회의 설립 취지와 목적을 구체적으로 다음과 같이 천명하였다.

> 취지로 말하자면 정치·교육·산업이며, 목적으로 말하자면 국가를 보호하고, 가족을 보호하고, 종족을 보호하는 것이다. 구학舊學을 연마하고 신법을 참조하여 정신이 단합하고 지덕이 아울러 증진될 수 있도록 함으로써 대한이 자립할 수 있는 권리를 회복시켜야 할 것이다.

곧 안동지회의 설립 취지는 정치와 교육, 산업의 진흥과 육성에 있고, 그 목적은 국가의 보전을 비롯하여 가족과 종족을 아우르는 지역사회의 보전임을 밝혔다. 궁극적으로 볼 때 안동지회의 설립 목적은 국권 수호에 있었다고 할 수 있으며, 이를 구현하기 위한 구체적 방략이 정치, 교육, 산업을 골자로 하는 취지로 제시된 것이었다. 그러므로 지회의 설립 취지와 목적은 상호 긴밀한 연관성을 가졌다.

이상룡이 회장이 되어 결성한 안동지회의 회원 가입은 신분이나 지위, 연령에 어떠한 제한도 두지 않았다. 또한 회원은 직업에 관계없이 모두 평등한 권리와 의무를 지닌다고 명시하였다. 곧 안동지회는 모든 사람에게 가입의 자격을 주고, 모든 회원이 평등한 관계를 유지하고자 하였던 것이다.

이상룡은 정당 활동을 하기 위해서는 먼저 자치활동이 활발히 이루어져야 하며, 토론을 통해 자치의 기초를 마련할 수 있다고 판단하였다. 그 구체적 방법으로는 회원들이 회관에 모여 정치, 생계 등 각종 문제에 대해 회의를 열어 토론을 통해 중지를 모으도록 하였다. 이러한 활동은 양반유림 중심의 향촌사회의 자치조직과 관련시켜 이해할 수 있지만, 향촌 자치조직에 나타나는 신분제를 원칙적으로 지양하고 근대 민주주의 원칙을 채택한 점에서 큰 차이를 보이고 있다. 이런 점에서 볼 때, 이상룡이 주도한 안동지회는 서양 근대사상과 제도를 수용하면서 민주주의를 지방 차원에서 훈련하는 것을 목표로 삼았다고 할 수 있다.

안동지회에서 추진한 정치 분야의 과제로는 자치활동과 함께 지방 차원을 넘어서는 중앙의 정당 활동과 근대국가 수립을 염두에 둔 사업을 구상하였다. 개혁의 자료로 삼기 위한 국정조사를 비롯하여 각종 법률 연구, 외국의 사례 조사 연구,

국방 군사 등에 관해 다양한 방안을 제시하고 시험하고자 하였다. 이러한 구상과 방안은 지방 자치활동의 범위와 수준을 넘어선 근대국가 건설의 방안으로 등장하였다는 점에서 이상룡이 지닌 원대한 이상과 포부를 짐작할 수 있게 한다. 예컨대, 대한협회 본회의 법률부에서 목표로 한 활동은 당시 회원의 법률적 권익을 옹호하는 데 중점을 두었던 것과 달리, 안동지회에서는 본회의 활동 수준을 넘어서 입헌국가의 수립을 염두에 둔 헌법과 법률의 제정을 준비하는 차원이었다.

대한협회 안동지회가 설립 취지에서 제시한 세 가지 가운데 가장 큰 성과를 보인 분야가 교육 방면이었다. 이상룡은 자신의 동문이자 제자로 지회 설립 당시에도 큰 힘이 되어 준 송기식宋基植과 함께 안동지회의 방침에 따라 각기 학교를 짓고 교육운동을 실천하였다. 이상룡의 지도와 후원에 힘입어 송기식은 대동大同이라는 교명의 학교를 신축하였다. 이상룡도 선영이 있는 도곡에 도동서숙道東書塾을 열었다. 이들 학교에서 가르치는 과목과 교재는 논어, 맹자의 유교 경전과 우리나라 역사를 비롯하여 윤리, 산수, 서예, 체육 등이었다. 학생들은 주로 친족의 아동들이었고, 교사는 이상룡의 아들 이준형이 맡아 가르쳤다. 당시 협동학교가 점차 자리를 잡아가는 상황에서 안동지회가 주관하는 학교는 주로 초등교육을 맡아 상급 교육기관인 협동학교의 입학 저변을 확대하는 역할을 하였다.

이상룡은 학교 설립운동을 벌이는 동시에 교육의 기회를 얻기 어려운 하층민을 대상으로는 야학을 실시하였다. 야학은 대한협회 본회의 교육부에서는 간과했던 분야였으나, 그는 지방 차원에서 교육운동을 펴는 과정에서 야학의 필요성을 인식했던 것이다. 이러한 야학은 당시 이상룡이 가진 인간의 자유 평등의식의 한 단면을 보여주는 사례라 할 수 있다.

안동지회에서는 실업 분야의 활동으로 상공업 진흥대책을 제시하였다. 상회와 은행 설립, 교통과 통신시설 확보, 철도 부설, 광산 개발, 직물업, 양조업, 제지업 진흥 등이 그것이다. 그런데 이처럼 과제는 제시되었지만, 안동지역은 농업 비중이 절대적으로 높고 상공업이 부진한 실정이었기 때문에 실제적인 활동에서 두드러진 내용은 보이지 않는다.

이상에서 보았듯이 이상룡이 대한협회 안동지회 단계에서 구상한 정치, 교육, 실업 각 부분별 진흥 방안에는, 당시 지방에서 직접 행할 수 있는 실천과제와 근대국가 건설을 염두에 둔 준비과제가 함께 제시되어 있었다는 점이 특징적이다.

대한협회 본회의 반민족 노선에 대한 비판

서울의 대한협회 본회에서는 각 지방의 지회에 대해 독자적인 정치활동을 하지 말도록 억제하였다. 즉 본회에서는 지회 단위의 정치적 활동을 금하고 대신에 본회를 통하여 의견을 표출하도록 지도함으로써 본회가 표방하는 정치적 태도와 지향에서 벗어나지 않도록 규제하였다. 나아가 각 지회는 정치 활동보다 실력배양에만 몰두하라는 것이었다. 뿐만 아니라 대한협회는 시간이 지날수록 일제의 국권침탈을 현실적으로 용인하면서 한민족 공동의 이익을 외면하는 친일단체로 점차 변모해 갔다.

대한협회를 정당, 정치단체로 인식하고 있던 이상룡은 본회의 일방적 지침과 지도를 맹목적으로 따를 수 없었다. 그는 본회의 지도를 무시하고 자신의 정치적 견해를 계속 피력하였으며, 독자적으로 안동지회를 운영해 나갔다. 일제의 침략이 점차 노골적으로 자행되고 있는 상황에서 본회가 이를 외면하면서 소극적으로 대처하는 데 대해 신랄하게 비판하였다. 특히 1909년 7월 한국의 사법 및 감옥 사무를 일제에게 위탁하는 기유각서己酉覺書의 체결 소식을 접한 이상룡은 침묵으로 일관할 뿐 어느 누구도 일제 침략에 항거하지 않는다

고 대한협회의 정치
적 무능을 규탄하
였다.

　대한협회 본회는
1909년 가을부터
임원들이 중심이
되어 반민족 친일매
국단체 일진회와 연
합을 도모하였다.
이러한 사태에 직면
하자 본회 내부에
서도 장지연, 여병
현呂炳鉉 등 다수의

대한협회 규정집

회원들이 본회 지도부를 맹렬하게 비판하였다. 이상룡도 본회
의 간부인 권동진과 홍필주洪弼周 등에게 잇달아 편지를 보내
어 대한협회가 일진회와 연합하려는 흉계는 까마귀와 백로가
한 무리가 되는 것으로, 그 정치적 의도를 의심하지 않을 수
없다고 맹렬히 성토하였다.

　대한협회와 일진회의 연합문제는 그해 10월 26일 안중근
의사가 만주의 하얼빈에서 침략의 원흉 이토 히로부미伊藤博文

를 처단하는 의거가 일어나자 정체상태에 빠지게 되었다가 결국 무산되고 말았다. 하지만 이 문제는 각 지방에 설치된 지회 활동에 찬물을 끼얹고 말았다. 이상룡이 이끈 안동지회 역시 마찬가지였다. 그의 설득으로 관심을 보이던 사람들뿐만 아니라 회원으로 가입한 사람마저 탈퇴할 지경이었다. 이상룡이 "일진회와 연합함으로써 얻은 것은 적고, 오히려 이천만 대중을 잃었다."고 통탄한 것도 대한협회 본회의 반민족적 노선을 성토한 것으로, 이 무렵 본회의 친일적 성향과 노선이 지회 활동에 큰 장애가 되고 있었음을 보여 준다.

이처럼 대한협회 안동지회는 현실인식과 정치활동, 국권회복운동 방략 등에서 서울의 본회와는 뚜렷이 구분되었다. 이상룡이 이끈 안동지회는 궁극적으로는 무장투쟁노선을 지향하면서 일제의 침략정책에 대해서는 즉시 항거하고 이를 성토하였다. 국권회복운동과 근대국가 건설을 추진할 자질을 갖춘 신민新民을 양성하고, 또 정치, 교육, 실업의 진흥을 도모할 수 있는 정책을 구상하여 이를 실천하고자 노력하였다. 그럼에도 불구하고 안동지회는 권력지향적이고 기회주의적인 본회의 태도와 지회에 대한 본회의 규제, 그리고 향촌 유력인사들의 미온적 태도 등으로 말미암아 적극적인 활동을 전개하지 못하다가 1910년 경술국치 후 해산되고 말았다.

근대국가 신민론新民論

이상룡은 앞서 언급하였듯이 근대국가의 국민 자격을 갖춘 신민론을 제시하였다. 곧 그는 민덕民德, 민지民智, 민기民氣의 함양을 통해 국민적 자격을 갖춘 신민을 양성하는 일이 절실하다고 인식한 것이다. 민덕, 민지, 민기의 삼덕三德은 이상룡이 근대 중국의 저명한 혁신사상가 양계초梁啓超의 〈신민설新民說〉을 기초로 한 토대 위에 유교 경전에 의거하여 그 내용을 구체화시킨 것이다.

양계초는 국민의 도덕적 혁명을 강조하였다. 그가 도덕을 강조한 데는 도덕이 모든 사물의 근본이라는 유교적 관점이 바탕이 되었다. 그 결과 도덕적 혁명이 다른 어떤 혁명보다 중요하고 긴급하며 우선적으로 이루어져야 한다고 하였다. 그런데 도덕은 항구불변의 고정된 개념이 아니라 진화법칙과 시세에 적응할 수 있도록 발전적으로 진보하는 것이라고 주장하였다.

양계초는 1902년 발표한 〈신민설〉에서 신민의 요건으로 민덕民德, 민지民智, 민력民力의 삼덕을 강조하였다. 이상룡은 근대국가 건설의 주체 양성이라는 차원에서 양계초가 제시한 〈신민설〉의 요체를 원용하고, 그 구체적 실천 방안까지 제시하였던 것이다.

이상룡은 우선 민덕의 함양 방법으로 입지立志와 양심養心, 그리고 검신檢身 등을 제시하였다. 구체적으로는 이를 통해 구국의 뜻을 세우고, 올곧은 마음을 기르고, 또 스스로 자신을 점검할 것을 강조하였다. 다음으로, 민지는 각종 사업을 수행할 수 있는 자질을 갖추고 실력을 기르는 것이라고 하였다. 서양의 기술과학이 여기에 해당하는 것이라고 설명하였다. 그리고 민기에서 '기'는 생명의 바탕이며 사업을 수행하는 동력이라고 보았다. 그동안 우리나라는 유약한 것을 미덕으로 삼았기 때문에 발전과 진취가 없이 노예적 기질을 가지게 되었다고 통단하면서 경쟁세계에서 살아남아 국권을 회복하기 위해서는 반드시 왕성한 민기를 배양해야 한다고 보았다. 이처럼 민덕과 민지, 민기의 삼덕을 갖춘 신민이 근대국가 건설의 자격을 갖춘 국민이라는 사실을 역설하였던 것이다. 이상룡이 제시한 실천적 신민론은 그의 스승 김흥락이 강조한 실천수양론과 일맥상통한다는 점에서 스승의 학문을 발전적으로 계승하고 있음을 알 수 있다.

가족단의 결성

이상룡은 대한협회 안동지회 해산 뒤 가족단家族團을 조직하였다. 그가 구상한 가족단은 부부와 자녀로 구성되는 일반적 가족을 단위로 하는 것이 아니라 넓은 범위의 친족 집단을 말한다. 그는 국가와 사회의 근본은 가족이며, 가족은 개인의 심신을 근본으로 하기 때문에, 가족을 가지런히 이루기 위해서는 몸과 마음을 바르게 닦아야 한다고 하여 특히 개인의 수양을 강조하였다. 이와 같은 도덕적 수양은 대한협회 안동지회 시기에도 신민에 이르기 위한 삼덕 등을 통해 강조된 대목이었다. 지역 차원의 정치단체 대신에 향촌사회를 구성하는 기본 단위가 되는 친족 범위의 가족단을 통해 그가 구상했던 사회적 과제들을 해결해 보고자 한 것이다. 하지만 1910년 무렵 등장한 가족단은 그 계획한 바를 구체적으로 실행에 옮기지는 못하였다. 가족단 결성 직후에 서간도 망명을 결행했기 때문이다.

이상룡이 구상했던 가족단은 그로부터 10년이 지난 뒤 안동에 남아 있던 친족들에 의해 실행되었다. 친족들이 가족단을 구성하겠다는 소식을 전해오자, 멀리 서간도에 있던 그는 〈가족국가단규조례家族國家團規條例〉를 제정하여 보냈다. 여

가족단 명첩과 취지서

기서 그는 "이것을 가족에 적용하면 가족단이 되고, 사회 단위에 적용하면 사회단, 국가 단위에 적용하면 국가단이 된다. 나는 우선 우리 가족에게 이것을 시험해 보고자 한다."라고 하는 포부를 피력하였다.

제 4 부

서간도 망명

경술국치 후 망명

1910년 8월 29일 대한제국이 망하였다. 반만년에 걸친 유구한 역사와 민족의 자존이 단절되는 미증유의 수난을 당하게 된 것이다. 이상룡은 서병의徐丙懿와 김형식金衡植을 보내어 중추원에 글을 올려 친일 반민족의 수괴인 송병준宋秉畯과 이용구李容九를 처단할 것을 요구하면서 일제의 국권강탈에 항거하였다.

나라가 망하자 이상룡은 그해 말 국외 망명을 결심하였다. 1910년 음력 11월에 황만영黃萬英과 주진수朱鎭洙가 서울에서 내려와 신민회의 지도급 인물들인 양기탁梁起鐸과 이동녕李東寧 등이 계획하던 국외 독립운동 근거지 건설사업을 전하면서 서간도의 실정을 자세히 알려 주었다. 이들의 방문을 계기로 이상룡은 서간도 망명을 결심하고 이를 결행할 계획임을 양기탁과 이동녕에게 알렸다. 이에 앞서 대한협회 안동지회를 운영하는 과정에서 이상룡은 양기탁 등 신민회 계열의 인사들과 상당한 교류가 있었을 것으로 보인다.

이상룡의 서간도 망명은 경술국치 전후 신민회에서 극비리에 추진하던 국외 독립운동 근거지 건설 계획과 밀접한 관계를 가지고 있었다. 양기탁과 이동녕, 안창호安昌浩, 이회영李會榮 등이 비밀

이상룡 구국기념비
대구 달성공원(대구광역시 중구 달성공원로 35) 내 소재.

결사인 신민회를 중심으로 국망이 현실이 되는 비극적 상황에서 장기지속적인 국권회복운동을 전개하기 위한 새로운 방략을 모색하면서 국외 독립운동 근거지 구축사업을 구상하게 되었던 것이다. 신민회 인사들이 국외에 무관학교를 설립하고 독립운동 근거지 건설을 본격적으로 논의한 것은, 나라가 망하기 전년인 1909년 봄 무렵이었다. 이들은 을사조약 늑결 이후 일제의 국권강탈이 심화되고 국망이 임박했다는 사실을 감지하고 적극적인 무장투쟁, 곧 독립전쟁만이 국권을 회복할 수 있는 유일한 방편이라고 판단하였다.

신민회 인사들은 총감독 양기탁의 집에서 전국 간부회의를 열고 국외에 적당한 후보지를 골라 무관학교를 세우고 독립운동 근거지를 구축하여 독립군을 양성하기로 의견을 모았다. 그런데 독립운동 근거지 건설계획을 실행하기 전에 안중근 의사가 하얼빈에서 침략의 원흉 이토 히로부미를 처단하는 의거가 일어났다. 일제는 하얼빈의거에 관련된 인물로 안창호, 이동휘, 유동열, 이종호 등 다수의 신민회 간부를 지목하여 이들을 구금하여 심문한 뒤 1910년 2월에야 석방하였다.

1910년 3월 신민회는 간부회의를 열고 일제를 몰아내기 위한 최선의 방법이 독립전쟁임을 확인하고, 그동안 계획한 무관학교 설립과 독립운동 근거지 건설 사업을 결행하기로 방침을 정하였다. 그러한 정황은 "서간도에 집단 이주를 기도하고 한국 본토에서 재력이 있는 다수 인민을 그곳에 이주시켜 토지를 구매하고 촌락을 만들어 새로운 영토로 삼고 다수의 지식 청년을 모집하여 그곳에 보내어 민단을 조직하고 학교 및 교회를 세우고, 나아가 무관학교를 설립하여 문무쌍전文武雙全의 교육을 실시하여 기회를 보아 독립전쟁을 일으켜 국권을 회복하고자 하였다."는 양기탁, 주진수 등의 이른바 보안법 위반 일제 판결문에도 구체적으로 드러나 있다.

이에 따라 안창호, 이갑, 유동열, 신채호, 이종호 등의 신민회 인사들은 1910년 4월 중국 청도靑島에 모여 독립운동 근거지 건설사업을 구체적으로 실현하기 위한 방략을 논의하였다. 한편 국내에 남은 신민회 간부들은 독립운동 근거지 건설을 위한 서간도 집단 이주를 결행하기로 하고, 1910년 가을 양기탁·이동녕·주진수 등이 만주 일대를 비밀리에 답사하여 후보지를 선정하고 집단 이주 준비를 진행하였다.

1910년 11월쯤 주진수와 황만영은 이상룡을 찾아와 이상과 같은 신민회의 국외 독립운동 근거지 건설을 위한 집단 이주사업 계획을 알려 주었다. 이 무렵 국외 망명을 계획하던 이상룡은 그 소식을 듣고 신민회의 집단 이주사업에 동참하기로 방침을 정하였다.

서간도 망명에 앞서 이상룡은 먼저 가산을 차분히 정리하였다. 선대 봉사奉祀와 집안 살림의 밑천으로 남겨 놓은 수천 평의 전답을 제외한 나머지 가산을 처분하였다. 또 노비문서를 불태우고 노비들을 해방시켜 양민이 되게 하였다. 그가 세운 도동서숙道東書塾 학생들에게는 민족정신을 보존하고 학업에 힘쓰라고 당부하였다.

국외 망명의 결행에 즈음하여 이상룡은 자신의 비장한 각오를 다지고 이를 〈거국음去國吟〉이라는 시로 읊었다.

삼천리 보배 강토	山下寶藏三千里
의관 유풍 오백 년이라	衣帶儒風五百秋
문명이 무엇이기에 늙은 적 매개하여	何物文明媒老猾
까닭없이 꿈속의 혼 온전한 나라 버리네	無端魂夢擲全甌
대지에 펼친 그물 이미 보았으리니	己看大地張羅網
영웅 남자가 어찌 해골을 아끼랴	焉有英男愛髑髏
고향이 좋다고 머물러 슬퍼하지 말라	好住鄉園休悵惘
태평한 훗날 다시 돌아와 머물리라	昇平他日復歸留

위 시에서 그는 소중한 역사와 아름다운 문화의 터전인 삼천리 강토를 일제에게 강탈당한 통한을 읊었을 뿐만 아니라.

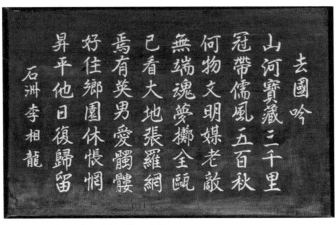

임청각에 걸려 있는 〈거국음〉 현판

〈거국음〉
《석주유고》 수록본.

언젠가는 일제가 물러가고 국권을 회복하게 되면 다시 돌아오리라는 강한 신념과 희망도 담고 있다. 하지만 염원과는 달리 그는 조국의 광복을 끝내 보지 못한 채 이역 땅에 묻히고 말았다.

이상룡이 고향 집을 떠나 망명길에 오른 것은 1911년 정월 5일이었다. 그의 나이 54세 때의 일이다. 이 날 이른 새벽 가묘家廟에 하직하고 길을 떠나 추풍령으로 갔다. 12일 새벽에 경부선 기차를 타고 서울에 올라간 그는 신민회 총감독 양기탁梁起鐸의 집에서 수일 동안 머물며 독립운동 방략 등을 협의하였다. 이때 평해에서 가족을 데리고 역시 서간도 망명길에 오르기 위해 올라온 황도영黃道英도 잠시 만났다. 이어 그는 경의선 열차편으로 압록강변의 국경 도시 신의주에 이르렀다.

한편, 가족들은 이상룡보다 보름 뒤인 1월 20일 고향을 떠났다. 이상룡이 식구들보다 먼저 출발한 것은 망명 여정의 위험을 사전에 점검하려는 사려 깊은 생각에서였다. 아들 준형을 비롯한 가족들은 다시 두 차례로 나뉘어 길을 나섰다. 가족이 함께 움직일 경우 일제 경찰이 그들의 망명 사실을 눈치챌까 우려했기 때문이다. 실제로 가족과 함께 떠날 채비를 하던 이준형은 감시하던 일경에 붙잡혀 고초를 겪기도 했다. 이상룡이 떠난 사실을 눈치 챈 경찰이 그의 행방을 알아내려고 가족들에게 득달을 부린 것이다.

이상룡이 신의주에 10여 일을 머무는 동안 나머지 가족들도 1월 25일 신의주에 도착하여 합류하였다. 이때 합류한 가족은 막냇동생 봉희鳳羲, 아들 준형, 그리고 조카 형국(큰 동생 용희의 아들)과 문형文衡(봉희의 아들 광민)을 비롯하여 부녀자와 어린 아이들이었다.

이상룡이 대가족을 거느리고 중국으로 망명하기 위해 압

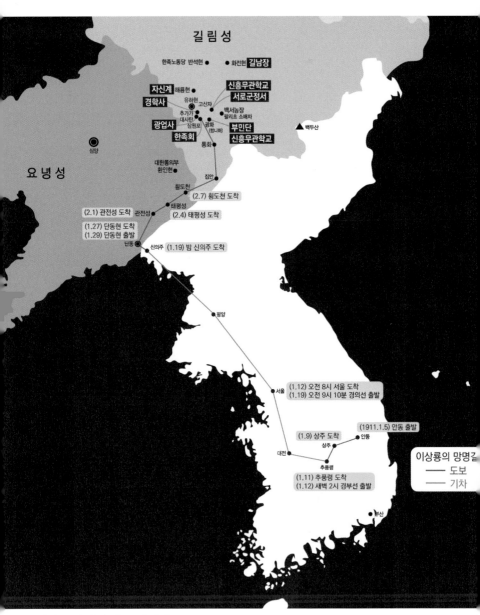

길림성

한족노동당 반석현 ●　● 화전현 **길남장**

자신계　해룡현 ●　　**신흥무관학교**
　　　　　　유하현 ●　고산자 ●　**서로군정서**
경학사　　　추가가 ●　　　백서농장
　　　　　　대사탄 ●　　｜　쾰리초 소배차
광업사　　　삼원보 ●　공화 ●　**부민단**
　　　　　　 한족회　　　(합니하)　**신흥무관학교**
　　　　　　　　　통화 ●

　　　　　대한통의부
　　　　　환인현 ●

심양　　　　　　집안 ●

요녕성

　　　　　　　 (2.7) 윙도천 도착
　　　　　　윙도천 ●

　　　　　(2.1) 관전성 도착 관전성 ●　태평성 ●
　　　　　　　　　　　　　　　(2.4) 태평성 도착
　　　　　(1.27) 단동현 도착
　　　　　(1.29) 단동현 출발
　　　　　단동 ◎　신의주 ●　(1.19) 밤 신의주 도착

　▲ 백두산

평양 ●

　　　　　　　　　　　서울 ●　(1.12) 오전 8시 서울 도착
　　　　　　　　　　　　　　(1.19) 오전 9시 10분 경의선 출발

　　　　　　　　　　　　　　　　　(1911.1.5) 안동 출발
　　　　　　　　　　(1.9) 상주 도착
대전 ●　　　　　상주 ●　● 안동

　　　　　　　추풍령 ●
　　　　　　(1.11) 추풍령 도착
　　　　　　(1.12) 새벽 2시 경부선 출발

　　　　　　　　　　　● 부산

이상룡의 망명길
　―― 도보
　―― 기차

이상룡 일가의 만주 망명길

록강을 건넌 것은 1월 27일이었다. 수레를 타고 언 강을 건넜다. 이때 북풍은 살을 에는 듯하고 하늘은 암담하여 망명길에 오른 일행의 고통은 말할 수가 없었다. 고개를 돌려 고국을 돌아보니, 돌아올 기약이 묘연하였다. 비분한 심경을 견디지 못한 이상룡은 〈도강渡江〉 절구 네 수를 읊었다.

삭풍은 칼날보다 날카로워	朔風利於劍
차갑게 내 살을 에는구나	凜凜削我肌
살 에는 것은 참을 수 있으나	肌削猶堪忍
창자를 에니 어찌 슬프지 않으랴	腸割寧不悲
옥토 삼천리	沃土三千里
인구 이천만	生齒二十兆
즐거운 부모의 나라	樂哉父母國
지금은 누가 차지했는가	而今誰據了
내 전토 다 빼앗고	旣奪我田宅
또 내 처자 해치려 하네	復謀我妻孥
차라리 이 머리는 잘릴지언정	此頭寧可斫
무릎 꿇어 종 될 수는 없다	此膝不可奴
집을 나선 지 한 달 못되어	出門未一月

벌써 압록강을 건너니   已過鴨江水

누굴 위해 머뭇거리겠는가   爲誰欲遲留

호연히 나는 가리라   浩然我去矣

〈27일 도강〉
《석주유고》 수록본.

위 시에는 나라가 망한 직후의 민족적 슬픔과 분노를 비롯하여 일제에 의해 전토와 인민이 유린되던 참상이 잘 드러나 있다. 국권을 유린한 일제가 가하는 '살을 에는' 육체적 고통보다 '창자를 에는' 정신적 고통이 더 크고 슬프다는 대목에서 이상룡의 결연한 기개를 읽을 수 있다. 나아가, '머리는 잘릴지언정 결코 종이 될 수 없다'는 구절은 대한 의사로서 이상룡이 지닌 문화적 자존의식을 잘 드러내 준다.

1911년 2월 7일, 이상룡은 천신만고 끝에 길림성 회인현懷仁縣 횡도천橫道川, 현 桓因縣 恒

道川에 도착하였다. 그가 고향을 떠난 지 32일 만이고, 압록 강을 건너고 열흘이 지나서였다. 망명한 뒤 이국 땅에서 겪은 그동안의 행로는 말 그대로 고난의 길이었다. 안동에서 이틀을 머물면서 기력을 회복한 이상룡 일가족은 마차 두 대를 세내어 세간과 짐을 싣고 압록강을 따라 서북방으로 올라가기 시작하였다. 도중 관전寬甸의 남쪽 염가점閻家店이라는 곳에서는 눈보라에 길이 막혀 지체하기도 하였다. 가족 모두 고생이었으나, 그중에서도 어린 아이들이 겪는 고통은 특히 심하였다. 서간도 산중에는 밥이 없고 밀가루 음식만 있었는데 도저히 먹을 수 없었다. 아이들이 매일 굶다시피 하여 병이 날 지경이었다. 하는 수 없어 좁쌀 두 되를 사고 솥을 빌려 밥을 지어 먹였다고 한다.

그 뒤 산피참山陂站이라는 곳을 지나 태평성太平城에 도착하였다. 이곳에서는 혼강渾江(牛拉江)의 얼음 녹은 물이 불어나 강을 건널 수 없게 되자 종일 강 상류를 돌아서 밤이 한참 늦어서야 가까스로 사전참沙田站에 이르러 투숙할 수 있었다.

항도천에 도착하자, 이곳에 먼저 와 있던 김형식金衡植·황도영黃道英·이명세李明世 등을 만났고, 또 처남 김대락과 상봉의 기쁨을 나누었다. 이역에서 재회하는 그때의 반가움을 김대락은 일기에서 "기뻐서 미칠 것 같다(其喜欲狂)"고 표현

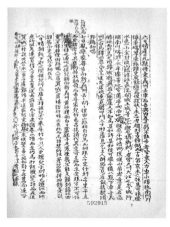
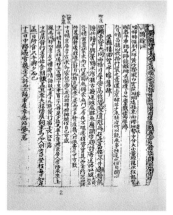

백하일기(영인본)
백하 김대락의 망명기록이 들어 있다.

하였다.

  김대락은 1910년 나라가 망하자 신민회의 계획에 따라 서
간도 망명을 결행하여 그해 12월 24일 66세의 늙은 몸을 이
끌고 고향을 떠났다. 문중의 청장년을 비롯한 만삭 임부인 손
부와 손녀를 대동하고 평해의 사동沙銅 종부로 출가한 손녀
와 그의 황씨문중 인사와 함께 서간도 삼원포로 망명하였다.
망명 도중에 증손자와 외증손자를 보게 되어 일제의 식민지
가 된 고향에서 해산하지 않은 통쾌한 마음을 감추지 못해
아명을 중국을 상징하는 쾌당快唐과 고구려를 뜻하는 기몽麒

蒙으로 각각 지었다.

김대락의 집은 7칸 규모로 황도영과 이명세 가족이 각각 방 하나씩을 쓰고 중앙에는 학교를 열어 많은 사람들이 기거하는 중이어서 몹시 궁색한 형편이었다. 그럼에도 불구하고 처음 도착해서 달리 방도가 없었기 때문에 이상룡 가족은 김대락의 집에서 함께 지낼 수밖에 없었다.

이상룡이 처음 정착한 횡도천은 서간도 이주를 위한 거점이었다. 1910년 국망을 전후하여 민족지사들이 압록강을 건너 서간도로 망명할 때 그들의 주된 이주경로를 보면, 먼저 신의주에서 압록강을 건너 안동에 도착하여 횡도천으로 올라간 뒤, 그곳에서 다시 서간도 내륙으로 들어갔다. 이회영 형제의 대가족 40여 명도 1911년 1월 중순 횡도촌에 도착하여 여러 날을 지내다가 유하현 추가가로 갔다. 그 뒤 이상룡이 도착했을 때 횡도천에는 김형식·황도영 등 7가구가 거주하고 있었다. 횡도천에 망명한 또 다른 인사로는 강화학파의 저명한 양명학자들인 이건승李建昇·홍승헌洪承憲·정원하鄭元夏 등이 있다. 1910년 12월 초 망명한 이들은 그곳에 정착하여 학문에 전심하면서 은거해 있었다.

횡도천에 도착한 뒤 이상룡은 망명 여정의 최종 목적지로 삼았던 유하현柳河縣 삼원포三源浦로 이주할 준비를 하였다.

서간도 독립운동의 가장 중요한 근거지가 된 이곳에는 이미 이회영李會榮 일가와 이동녕李東寧 등이 도착하여 자리를 잡고 있었다.

신민회 계통의 인물들은 앞서 언급한 대로 삼원포를 목적지로 삼고 이곳으로 모여들었다. 이상룡과 김대락 등의 안동 유림이 삼원포로 향한 이유도 여기에 있다. 삼원포 일대를 가장 먼저 답사한 인물은 김구였고, 그 시기는 1895년이었다. 그는 김형진金亨振이라는 인물과 함께 그해에 두 번이나 현지를 답사하였다. 백범 김구의 이러한 답사 사실은 그의 스승 고석로高錫魯, 호 後凋, 자 能善에게 보고되었고, 고석로는 이듬해 같은 학통의 유림이 일으킨 류인석柳麟錫의 제천의진과 관계하면서 제천의진이 평북 초산楚山을 거쳐 서간도로 넘어갈 때 현지 사전지식으로 전달되었다. 그리하여 류인석이 회인현 사첨자沙尖子에서 중국 관헌의 강요에 못 이겨 의병을 해산하고 통화현 오도구五道溝에 머물며 그곳을 '부흥기지'로 구상하기도 했다.

김구의 삼원포 지방에 대한 답사 정보와 지식은 신민회의 망명계획 수립 때 다시 반영된 것으로 보인다. 신민회의 망명계획 추진회의에는 백범 김구도 참석하였기 때문이다. 백범의 정보를 듣고 이동녕·이회영·주진수 등이 현지를 답사한

결과, 삼원포는 현청 소재지도 아니면서 인구도 적고 몇십 리
이어진 광활한 평야를 가진 곳으로, 통화에서 높은 준령을 넘
어야 갈 수 있는 은신 적지였다. 이러한 지리적 조건과 환경
을 갖추고 있었기 때문에 신민회에서는 새로운 국외 독립운
동 근거지로 이곳을 선정한 것으로 보인다.

　이상룡은 거주할 집과 농사지을 전토를 알아보기 위해
이동녕에게 전달할 편지를 들려주어 먼저 이준형과 김형식
등을 유하현 삼원포로 보냈다. 하지만 유하현 현지 중국인

들이 한인 이주민에 대하여 극도로 경계하며 의심을 품었기 때문에 그들의 방해로 이준형 등은 유하현에 들어가지도 못한 채 횡도촌으로 돌아오고 말았다. 이에 이상룡은 삼원포 이주 계획을 당분간 포기하지 않을 수 없었다.

이상룡은 곧 공간이 비좁은 김대락의 집에서 나와 북산北山의 빈집을 세내어 이사하였다. 그러나 이곳에도 오래 머물지 못하고 다시 두릉구杜陵溝 산 끝에 있는 오래된 외딴 집으로 이주하였다. 그 집에 먼저 와 살고 있던 홍승헌과 함께 지낸 것이다. 앞서 잠시 언급했듯이, 진천 출신으로 양명학을 공부한 홍승헌은 경술국치 후 같은 강화학파 사우들인 이건승, 정원하와 함께 서간도로 망명한 지사였다.

이상룡이 횡도천에 도착하고 두세 달 뒤, 고향에 남아 있던 나머지 가족이 무사히 횡도천으로 와 합류하였다. 족조 이종기李鍾基와 족숙 이승원李承元, 그리고 동생 이봉희와 외종 아우 조만기趙萬基가 그들이며, 또 영해의 매형 박경종도 가족을 거느리고 그곳으로 망명해 온 것이다. 이로써 이상룡의 일가는 일제의 감시를 피해 몇 차례로 나뉘어 망명길에 오른 끝에 모두 한곳에 모일 수 있었다.

이상룡의 가족은 그해 5월 하순쯤 다시 삼원포 부근의 영춘원永春源으로 이주하였다. 그곳은 유하현과 경계에 위치한 통화현의 경내였다. 삼원포에서 가까웠기 때문에 추가가鄒家街에 와 있던 이동녕, 이시영 등과 왕래하면서 독립운동의 방략을 함께 논의할 수 있게 되었다. 그리고 그해 10월에는 드디어 삼원포의 대우구大牛溝, 현 유하현 삼원포진 안인촌로 옮겨가 정착하게 되었다.

이상에서 보았듯이, 1911년 2월 서간도로 망명한 이상룡은 횡도촌에 처음 자리 잡은 이후 북산, 두릉구, 영춘원 등 여러 곳을 전전한 끝에 그해 10월 비로소 삼원포에 정착할 수 있었다. 이처럼 빈번하게 거처를 옮겨 이사하게 된 것은 현지 중국인들의 차별과 핍박뿐만 아니라 주거와 음식이 맞지 않고 망명지의 풍토가 낯선 탓에 새로운 환경에 적응하기 위해 백방으로 힘쓴 노력의 결과이기도 하였다. 대가족을 거느리고 이역만리에 망명 이주한 처지에서 초창기 망명생활에서 겪었던 신고辛苦가 얼마나 심했는지 충분히 짐작할 수 있을 것이다.

한민족 고대사 연구

경술국치 후 이상룡이 망명길에 오른 것은 "백번 꺾여도 좌절하지 않을 뜻을 품고, 만주로 옮겨 가 독립운동을 펴겠다."는 결연한 의지를 실천에 옮긴 것이었다. 곧 그는 치욕의 역사 앞에서 죽음 대신 망명의 길, 희망의 길을 선택한 것이다. 이를 역사적, 학문적으로 뒷받침하기 위해 만주는 단군 성조의 영토이며, 고구려의 구강舊疆이므로 비록 현재 살고 있는 사람들의 복식과 언어는 다르지만 선조는 동일 종족인 만큼 이역異域이라고 할 수 없다는 만주고토론滿洲故土論을 주장하였다. 이에 백번 꺾여도 좌절하지 않을 뜻으로 만주로 망명하여 독립운동을 벌이겠다는 각오를 한 것이다.

이상룡은 역사가의 임무가 국가의 체통을 높이고 국민의 올바른 정신을 함양하는 데 있다고 보고, 그동안 묻혀 있던 우리나라의 웅혼한 역사를 올바로 복원시켜 독립운동의 자산으로 삼고자 하였다. 그가 망명지를 만주로 택한 배경에는 그곳이 우리 민족의 옛 영토라는 민족고토 의식이 자리하고 있었다. 나라가 망하자 그는 두문불출하며 만주 지도를 펴놓고 고심하였다. 현전하지는 않지만 1910년 겨울 《국사國史》를 쓴 것이나, 망명 여정 중에도 끊임없이 만주 지리와 역사를 연구한 것도 같은 맥락이다. 이상룡이 단군을 중심에 놓고 민족 고토로 만주를 연구한 역사인식은 망국의 치욕을 당하고 망명을 결행하는 과정에서 정립되었다. 험난한 망명생활 중에서도 《만주원류고滿洲源流考》·《요사遼史》·《한서漢書》·《진서

《晉書》 등 만주를 무대로 삼았던 여러 나라의 강역과 종족, 역사와 문화, 지리에 관한 서적을 탐독하고 민족사를 연구하였다.

민족고토로서의 만주 강역에 강한 애착을 가졌던 이상룡은 시를 지어 단군조선과 백두산을 노래하였고, 길림성에 이르러 고구려와 발해의 옛 터전을 돌아볼 때에는 도

광개토대왕비(위)와 장군총(아래)

읍지의 종소리를 듣는 듯한 착각에 빠지기도 했다. 또한 백두산의 이야기를 듣고 그 웅장함을 찬탄하며 단황檀皇의 유적이 있음을 자랑스러워하였다. 심지어는 중국의 도연명陶淵明의 〈귀거래사歸去來辭〉에 화운和韻한 시에서도 "아! 단군 이래 오천 년 역사는 영원하며 단절이 없다는 것을 의심치 않노라."고 노래하였다. 국조 단군을 강조한 그는 기자조선을 강하

게 부정하였다. 그는 기자동래설이 노예근성과 예속사관에서 비롯된 근거 없는 허무맹랑한 허구라고 비판하였다. 더불어 기자를 성인이라 하여 정통의 반열에 세우는 것도 부당하지만, '일개 강도'인 위만衛滿을 강하다고 하여 정통으로 자리매김하는 것도 부당하다고 하였다. 이것은 일제가 우리나라를 식민지로 삼았다고 해서 그들의 지배를 인정하여 무쓰히토睦仁를 임금으로 추대하고 메이지明治 연호를 쓰는 것과 다르지 않다고 강하게 비판하였다. 국조 단군의 적전嫡傳이 단군 ― 부여 ― 고구려 ― 발해로 이어지는 것으로 설명하였다. 중국의 여러 역사지리서에 근거하여 고구려의 광대한 영토를 설명하였고, 식견이 좁은 조선의 역사가들이 광활한 민족고토의 강역을 축소시켜 버렸다고 한탄하기도 했다. 또한 신라가 22대 지증왕 때에 이르러서야 국호를 정하고 왕을 일컬었다면, 삼국이 나라를 세운 차례는 마땅히 고구려 ― 백제 ― 신라 순이 되어야 한다고 하였다. 곧 그는 신라 중심의 역사 해석을 지양하고 고구려 중심으로 고대사를 인식한 것이다. 나아가 이상룡은 또 고구려를 계승한 발해를 우리 역사의 중심 무대에 복원시켰다. 발해국의 성립과 성장 과정을 당나라와의 대등한 관계 속에서 서술하였다. 그 강역을 고증하여 북으로는 송화강 유역, 남으로는 함경도와 평안도, 동으로는 일본해. 서로는 요하를 넘어 내몽고 커얼친(科爾沁)에까지 이르는, 무려 5천 리 강역을 가진 대국이었다고 설명하였다.

이상에서 보았듯이 이상룡은 우리 고대사의 역사 무대와 정통을 새롭게 해석하고 주장하였다. 그가 견지한 사론의 특징은, 우리나라 역사의 무대를 압록강 이남으로 한정하고 기자의 동래를 중시하며 신라사 중심으로 역사를 서술하던 전통적 경향을 극복하는 데 있었다. 곧 그는 고조선―부여―고구려―발해를 우리 역사의 정통으로 설정하고, 기자, 위만을 부정하는 대신 국조 단군을 존숭하였던 것이다. 이상룡이 이와 같은 역사인식을 갖게 된 것은, 새로운 역사무대로 부상되는 만주지역의 독립운동이 우리 민족의 고토에서 이루어지는 것으로 역사적 당위성을 갖고 있음을 확인시켜 주는, 곧 독립운동의 이론적, 정신적 토대가 되는 역사적 인과관계를 논증한 결과였다고 할 수 있다.

이상룡이 심혈을 기울인 역사 연구의 결실은 1913년 무렵 저술한 《대동역사大東歷史》라 할 수 있다. 아쉽게도 현전하지는 않지만, 이 저술에는 이상에서 언급한 민족 주체적 역사정신이 강하게 농축되었을 것이라는 사실은 쉽게 짐작할 수 있다. 《대동역사》가 독립군 간부 양성의 산실인 신흥무관학교의 교재로 채택된 이유가 여기에 있기도 하다.

서간도 이주 한인사회의 애환

이상룡이 망명한 서간도는 백두산의 서남방, 압록강 대안의 혼강 일대와 송화강의 중, 상류지방으로 오늘날의 관전, 환인, 통화, 유하, 집안, 임강, 장백, 무송현 등지를 가리킨다. 백두산의 동북방, 두만강 대안지역을 일컫는 북간도의 대칭으로 불린 지역 이름이다. 만주족의 발상지라 하여 조선시대에 외지인의 이주가 금지된 이른바 봉금지역封禁地域이었던 이 지역에 주로 평안도 변경지대의 주민이 기근과 재난 등을 피해 이주하면서 1860년대부터 한인사회가 형성되기 시작하였다. 그 뒤 이주 한인의 수는 매년 증가하다가 1905년 을사조약 늑결을 계기로 정치적 이유로 망명하는 애국지사들이 급증하였다. 그 결과 1910년대에 서간도지역에는 무려 30만 명에 이르는 대규모 한인사회가 형성되기에 이르렀다.

서간도 한인사회는 파저강波猪江이라고 부르던 혼강琿江 유역을 중심으로 형성되었다. 이와 같은 현상은 수전농水田農을 위한 경작지 확보와 밀접히 연관되어 있었다. 통화通化, 유하柳河, 신빈新賓, 안동安東, 현 단동, 봉성鳳城 등지가 한인들이 비교적 일찍 수전(무논)을 경작한 지역으로 알려져 있다. 유하현에 거주하던 일부 한인은 그 뒤 해룡海龍·동풍東豐·서풍西豐·개원開原 등지로 다시 이주하여 수전을 개간하였고, 계속하여 송화강과 휘발하輝發河를 따라 점차 휘남輝南·반석磐石·교하蛟河 등지로까지 지역을 넓혀 갔다. 결국 1910년까지는 서간도 대부분의 지역에서 한인들에 의해 수전농이 실시되기에 이르렀다. 밭농사를 위주로 하던 서간도에 한인들이 이주하여 수전농을 개간함으로써 이 지역의 경제력 증진에 큰 기여를 한 것이다.

신의주 대안의 안동현과 그 북쪽의 봉성현, 그리고 서북방의 관전현 등지는 양국의 교통로에 해당되어 일찍부터 한인의 내왕이 빈번하게 이루어진 곳으로, 한인 이주가 초기부터 집중된 지역이다. 1904년 현재 이주 한인 수를 보면 안동현과 봉성현이 420호에 1,420명, 관전현이 770호에 3,720명 규모였다. 그 뒤 1911년 11월 압록강 철교가 준공되어 안동과 봉천(현 심양)을 잇는 안봉선安奉線이 개통되자 한인들의 서간도 이주는 더욱 증가하여 1921년 현재 안동, 관전현의 한인 인구는 1911년에 견주어 4배 반이나 격증하였다.

통화현의 한인 이주는 1894년 무렵부터 시작된 것으로 나타난다. 그 뒤 혼강의 우안 동강촌東江村에도 이주 한인에 의해 수전이 개간되었고, 혼강의 좌안 동강 지류 이밀하二密河 연안지방과 흥경가도興京街道 지방에도 한인 이주민이 자리 잡고 있었다. 1912년 현재 통화현의 한인 수는 2,055호에 10,275명이었다.

환인현의 한인 이주는 오래전부터 이루어졌으나, 토질이 척박하고 비적이 횡행한 까닭에 그 수가 여타 지역에 견주어 많지 않았다. 1910년 전후부터 한인이 거주한 일면성一面城·횡도천橫道川·상루하上漏河 등지가 대표적인 한인 거주지였다. 1907년 현재 환인현 경내 한인의 수는 514호에 2,005명 정도였다.

1910년대 독립운동의 근거지로 유명한 유하현 일대에도 이미 1880년대에 들어와 본격적으로 한인 이주민이 정착하고 있었다. 삼원포와 대두자大肚子·마록구馬鹿溝 등지가 그 중심지였으며, 1905년 무렵에는 유하현 시내에도 한인이 거주하기 시작하였다. 유하현 일대는 벼농사에 특히 유리한 곳으로 알려져 다수의 민족지사를 비롯한 한인들이 집단적으로 이주 정착하였다. 대사탄大沙灘을 비롯하여 삼통하三通河의 상류인 남산藍山·고산자孤山子·대우구大牛溝 등지가 특히 벼농사가 성행했던 지역이다. 1912년 현재 유하현의 한인 수는 1,062호에 5,356명이었다.

이와 같이 형성된 서간도 한인사회 가운데서도 특히 신민회 인사들을 중심으로 독립운동의 근거지로 설정된 지역이

간도 한인 농부와 쟁기

앞서 언급한 유하현이었다. 삼원포 일대에는 국치를 전후하여
전국적인 한인 대이주 계획이 추진되어 이상룡을 포함하여
이회영·이시영 형제와 이동녕, 김창환, 주진수 등의 민족 지
도자들이 운집하게 되었다. 이들 민족지사들은 후술할 한인
자치단체 경학사를 조직하고 독립전쟁을 선도할 인재 양성을
위해 신흥무관학교를 건립하는 등 독립운동을 추진하기에 이
르렀다.

　삼원포 근거지를 중심으로 서간도에서 전개된 독립운동은
1919년 3·1운동 이후 만주 독립전쟁의 기틀을 다지는 중요한

의미를 가진 것이었다. 그러나 그 과정은 결코 순탄치가 않았다. 우선 국내에서 비밀리에 추진되던 전국적 망명 이주계획이 일제에게 발각되어 대규모 탄압을 받게 되었다는 사실이다. 여기서 상론할 수는 없으나 이른바 105인사건, 신민회사건, 안명근 안악사건 등 강점 초기에 자행된 일제의 대탄압이 그것으로, 이로 말미암아 군자금 모집에 큰 차질을 가져 왔던 것이다.

이주 초기에 대부분의 한인들은 안정된 주거지를 확보하지 못한 채 몇 차례에 걸쳐 이사를 다녔다. 이상룡의 경우에도 앞서 보았듯이 한 해 동안 네다섯 번이나 이사를 한 끝에 삼원포에 정착했을 정도로 망명 초기에는 현지 적응과 정착에 큰 어려움이 따랐다.

망명지사들은 이주 직후 낯선 풍토와 기후에 적응하지 못해 망명 첫해인 1911년에 큰 흉년이 들고 풍토병이 만연하여 식량조차 조달이 곤란하여 생계 유지도 어려운 실정이었다. 또 온화한 국내와는 달리 혹심한 추위 속에 식수를 구하기가 어려워 수백 년 묵은 나무 뿌리에 고인 냉수를 마셨는데, 이들 중에는 해동과 더불어 풍토병에 걸려 고생하는 사람이 많았다. 특히 이 병에 걸린 노약자와 부녀자들은 몇 시간 신음 끝에 목숨을 잃었다고 한다.

한인 이주민에 대한 현지 중국인의 의구심과 적대감도 정착에 큰 장애가 되었다. 경술국치 뒤 한인 이주가 급격히 증가하게 되자, 이를 지켜보던 중국인들은 한인들을 일제의 앞잡이로 간주하거나 또는 자신들에게 해를 끼치는 것으로 간주하여 크게 의구심을 가져 배척운동을 벌이기 시작하였다. 특히 현지 중국인들은 신흥강습소를 세워 민족교육을 실시하는 것을 침략행위로 오해하여 집단적으로 토지의 매매와 임대는 물론 물물교환까지 거부하는 사태가 벌어졌다.

이러한 사태에 직면하게 되자, 이주 한인들은 중국인들의 반발과 배척을 극복하기 위해 친중국 정책의 일환으로 변장운동變裝運動까지 벌이는 한편, 중국 관헌과 교섭하여 거주와 생활상 안정된 권리를 보장받기 위해 노력하였다. 한인들은 집에 기거할 때는 한복을 입었지만, 외출하거나 중국인과 접촉할 때에는 머리를 땋아 올리고 만주족의 옷을 입는 '변발호복辮髮胡服'을 하였다. 곧 변장운동이란 "나의 동포 잃었으니 이웃 동포 내 동포요, 나의 형제 잃었으니 이웃 형제 내 형제"라는 비장한 슬로건을 내걸면서 대의를 위해 일치단결하여 두발과 의복, 신 등을 청나라 만주족과 똑같이 변장하는 친교운동이었다. 이처럼 한인들이 적극적으로 친화정책을 편 결과 중국인은 한인 배척운동을 더 이상 벌이지 않고 대신에 한인에 대한 친밀감을 차츰 갖게 되었다.

경학사 군중대회를 열었던 삼원포 대고산

　한편 이주 초기부터 한인들에게 중국 입적은 중요한 문제
였다. 중국 영토인 서간도에서 법적, 경제적 지위와 권리를 인
정받기 위해서는 입적이 필수적이었기 때문이다. 그러나 입적
문제는 거주 연한 등의 조건을 충족하고 일정한 서류를 갖추
어 수속을 밟아야 했으므로, 그 과정이 여간 까다로운 일이
아니었다. 이상룡은 이회영, 이동녕 등과 앞장서서 이 문제를
해결하였다. 이들은 곧 북경의 원세개遠世凱 대총통과 직접
교섭을 벌인 결과, 원세개의 비서 호명신胡明臣이 봉천의 장
작림張作霖과 유하현 지사를 설득시켜 이주한인에 대한 법적
보호를 받음으로써 이 문제를 해결할 수 있었다.

제 5 부

서간도 독립운동의 선구

경학사와 부민단

한말 이래로 서간도지역에 대규모 한인사회가 형성되고 경술국치 전후 항일 민족지사들이 대거 망명하게 되자, 그곳의 한인사회 통할과 민력 결집의 준정부적 기능을 행사할 자치 결사가 절급히 요구되었다. 한인 결사는 국외 망명과 이주로 형성된 한인사회를 대표하는 역할을 맡고 기능을 행사함으로써 이주 한인사회의 생활기반을 안정되게 구축할 뿐만 아니

라. 흩어진 민력을 일사분란하게 결집함으로써 독립전쟁을 결행하는 데 반드시 필요하였다. 이에 이상룡과 김대락을 비롯하여 이회영, 이동녕, 장유순 등의 지사들이 힘을 모아 1911년 봄에 서간도 최초의 한인 자치결사인 경학사耕學社를 결성하기에 이르렀다.

유하현 삼원포 일대에 거주하던 한인 3백여 명은 1911년 4월에 삼원포를 상징하는 대고산大孤山에 모여 노천 군중대회를 가졌다. 이동녕을 임시의장으로 선출한 이 대회에서는 향후 서간도 한인사회의 규합과 민족운동을 펴기 위해 다음 5개 항을 의결하였다.

첫 째. 민단적 자치기관의 성격을 띤 경학사를 조직함.
둘 째. 전통적 도의에 입각한 질서와 풍기를 확립함.
셋 째. 농업을 기반으로 하는 생계의 방도를 세움.
넷 째. 학교를 설립하여 주경야독의 신념을 고취함.
다섯째. 사병을 훈련하여 장교로 삼고 애국청년을 받아들여 나라의 동량재로 육성함.

이날의 결의에 따라 서간도 최초의 한인 자치결사인 경학사가 결성되었다. 그리고 민족교육과 무관양성을 위한 신흥강습소도 설립되었다. 경학사를 대표하는 사장社長에는 이상룡이 추대되었고, 그 아래 내무·농무·재무·교무 등 4개의 부서를 두었다. 각 부서의 책임자로는 내무부장 이회영, 농무부장 장유순, 재무부장 이동녕, 교무부장 류인식이 각각 선임되었고, 이들을 중심으로 사업이 이루어졌다. 결국 민단적 성격을 지닌 자치기관인 경학사는 주로 신민회의 간부들이 결성하고 운영한 결사로서, 신민회의 사업 목표인 국외 독립운동 근거지 건설과 무관학교 설립 등의 방향을 충실히 따르려고 한 것이다.

경학사의 사장을 맡은 이상룡은 〈경학사 취지서〉를 발표하였다. 경학사의 설립 취지와 목적, 활동 방향을 밝힌 이 취지서는 이동녕과 이회영 등의 동지들과 상의하고 그들의 의견을 수렴하여 이상룡의 명의로 발표된 것이었다. 그 가운데 중요한 내용을 소개하면 아래와 같다.

아. 사랑스럽도다, 한국이여! 애처롭도다, 한민족이여! 피의 역사 4천 년에 예의와 제도가 온전하고, 기름진 땅 3천 리에 생물 광산이 풍부하다. 우리 조부의 정기가 흐르는 곳이요, 우리 자손의 목숨이 이어질 곳이니, 지켜 막는 일을 어찌 감히 소홀히 하리오. 분골쇄신을 마다 않고 또

한 달게 여길 것이다…… 아. 애처롭도다, 한민족이여! 사
랑스럽도다. 한국이여! 땅이 없는데 무엇을 먹을 것이며,
나라가 없는데 어떻게 살 것인가? 우리 몸이 장차 죽으면
어느 산에 묻힐 것이며, 우리 아이가 장차 자라면 어느 집
에서 살 것인가? ……부여의 옛 영토가 넌강嫩江(송화강의
한 지류−필자 주)까지 이르렀으니 이 땅은 이역異域이 아니
고, 고구려의 유민遺民이 발해에 모였으니 이 사람은 동포
인 것이다…… 마침내 남만주 은양보恩養堡에서 여러 사
람의 정성을 합하여 한 단체를 만들고 경학사耕學社라 이
름하니, 인명을 보호하고 살릴 뿐만 아니라 민지民智를 개
발하려 한다. 공상工商이 다르지만 모두 실업實業 한 가지
요, 체덕體德을 겸비하는 것은 곧 교육부서의 소관이다.
길이 멀고 더디다고 근심하지 말라, 한 걸음이 모이면 만
리를 간다. 규모가 어설프다고 탄식하지 말라, 한 삼태기
가 쌓이면 태산이 된다…… 오시라, 오시라. 우리 무리를
보호하는 것이 곧 백성을 보호하는 것이며, 우리 사社를
사랑하는 것이 곧 나라를 사랑하는 것이다. 오시라, 오시
라. 기러기 떼 날아가면 서풍西風이 날로 드세질 것이고,
금계金鷄가 한 번 울면 동천東天이 장차 밝아 오리라.

위 경학사 취지서는 유구한 한국 역사의 존엄한 가치를 서

경학사 취지서

두에 언급하고, 이어 일제에 의한 국권 유린의 참상을 규탄한 뒤, 일제의 압박에서 벗어나 독립을 쟁취해야 하는 당위성을 역설하였다. 그리고 이를 위해 서간도 이주 한인들이 민력을 집중할 수 있는 구심체로서 자치단체인 경학사를 결성한다고 천명하였다. 나아가 경학사를 중심으로 한인들이 조국광복을 위해 노력한다면 기필코 독립의 그 날이 올 것이라고 믿음을 갖고 확언하였다. 이와 같이 경학사는 민족의 독립을 최고의 목표로 삼아 농업을 장려하고 청년자제들에게 민족교육을 실시하고자 유하현 삼원포 추가가에 설립된, 민단적 성격과 기능을 가진 자치기관이었다.

1911년 말, 곧 12월 16일에는 한 해를 결산하는 총회가 백여 명의 한인이 모인 가운데 개최되었다. 사장 이상룡이 주관한 이 총회에는 부서별 업무 보고도 진행되었다. 그 뒤 이듬해 10월까지 총회와 의사회가 수차례 개최되었다는 김대락의 기록으로 보아 경학사는 적어도 1912년 겨울까지는 활동을 지속한 것으로 보인다.

이상룡 등 망명 지사들은 그 뒤 1913년 무렵에 경학사의 뒤를 이어 부민단扶民團을 결성하였다. 그 무렵 서간도 한인사회 각지에는 공리회共理會, 공제회共濟會, 자신계自新稧, 농림계農林稧 등 크고작은 단체와 결사가 만들어져 각자 목적과 성격에 맞는 자치활동을 펼치고 있었다. 그 가운데 공리회는 1913년 김대락이 만든 조직이고, 자신계는 이상룡이 직접 조직한 결사였다. 이와 같은 군소 단체를 크게 아우르고 준정부 기능을 행사하기 위해 만든 자치결사가 부민단이었다. 곧 부민단과 각지에 산재하던 군소 단체, 결사 사이는 '강綱과 목目'의 관계로 표현될 만큼 상보적相補的 관계를 가졌던 것으로 짐작된다.

부민단의 뜻은 '부여 강토에 부여 유민이 부흥기지를 세운다'는 것이었다. 본부에는 서무, 법무, 검무, 학무, 재무 등의 부서를 두었고, 단장이 이를 총괄하였다. 초대 단장은 의병장 왕산 허위의 형인 성산 허혁許爀이, 그리고 부단장은 김동삼이 맡았다. 허혁은 뒷날 이상룡이 손부로 맞이하는 허은許銀의 재종조부로 가까운 사이였다. 허혁에 이어 1916년에는 이상룡이 단장에 올랐다. 김대락의 아들 김형식도 부민단을 만들고 운영하는 데 크게 힘썼다. 본부의 서무부장 등 중요 직책을 맡아 조직을 총괄적으로 운영하는 역할을 하였던 것이다.

통화현 합니하哈泥河에 본부를 둔 부민단은 경학사와는 다르게 각지에 흩어져 있던 한인사회를 총괄적으로 지도하기 위해 지방조직을 결성하였다. 한인의 규모가 수백 호에 이르는 지역에는 천가장千家長을 두고, 백여 호의 마을에는 구단區團을 설치하여 구장區長 혹은 백가장을 임명하였으며, 십여 호의 마을에는 패장牌長 또는 십가장十家長을 임명하였다. 그리고 특별히 이주 한인이 집단적으로 거주하던 유하현과 통화현과 같은 곳에는 동과 서로 지역을 나누어 총관總管을 설치해 관리하도록 하였다.

부민단이 자치기관으로 조직된 뒤 이상룡은 중국 당국의 지지와 후원을 명확히 얻어내기 위해 중화민국 국회에 제의하는 글을 유하현 국민회장의 명의로 지어 보냈다. 그는 이 제의서에서 이주 한인들의 숙원사업으로 다음 네 가지 사항을 해결해 줄 것을 요청하였다.

첫째, 정치적 권리로서 민적民籍을 허락하고 자치권을 허용해 줄 것.

둘째, 재산권 보호와 황무지 개간권을 인정해 줄 것.

셋째, 학교의 설립과 운영을 인정해 줄 것.

넷째, 독립군 양성을 위한 군사훈련을 허락해 줄 것.

이상룡이 중국 당국에 이와 같은 문제 해결을 요청한 것은
결국 서간도 이주 한인사회의 단결과 민력 증진을 도모하는
한편, 항일 민족의식 고취와 군사력 양성을 통해 궁극적으로
독립전쟁을 결행할 준비를 갖추겠다는 의지의 표출이었다.

신흥강습소와 독립군영

이상룡은 김대락과 함께 이회영·이시영 형제, 그리고 이동
녕 등의 신민회 동지, 지사들과 힘을 합하여 독립운동을 위
한 역점사업 가운데 하나로 독립군 간부 양성을 위한 민족학
교 설립을 추진하였다. 한인 청소년들에게 조국애·민족애를
심어주고 독립전쟁을 선도할 인재를 양성하기 위해서였다. 경
학사 설립 직후에 개교한 신흥강습소가 그것으로, 후일 독립
군 사관 양성의 상징인 신흥무관학교로 발전하게 된다.

이상룡은 이 시기 다른 민족 지도자들과 마찬가지로 민족

교육의 중요성에 대해 깊이 인식하고 있었다. 조국독립과 민족해방을 위해서는 민족교육이 반드시 뒷받침되어야만 한다고 믿었다. 남만주 이주 동포들에게 알리는 〈경고남만주교거동포문敬告南滿洲僑居同胞文〉이라는 글에서

> 세계는 우승열패를 다투는 인류 경쟁의 무대이다. 교육은 지식을 열고 덕성을 양성하며 체력을 단련하기 때문에 그 승리를 취하는 방략이다. 교육이 없으면 지식과 기능이 다른 사람에 미치지 못하게 되므로 제반 권리를 빼앗기게 된다. 교육을 받으면 문명인이 되고 교육을 받지 못하면 야만족이 되어 문명인의 지배를 받게 되는 것이 천연의 공례公例이다.

라고 교육을 강조한 대목이 그의 교육관을 잘 대변해 준다. 또 그가 "8년 노력 끝에 / 소학교 서른 곳이라 / 일시에 문교가 빛나도다."라고 읊은 구절은 민족교육에 기울인 노력의 성과를 언급한 것이다.

안동 천전에서 망명한 처남 김대락도 이상룡과 동일한 인식 아래서 민족교육에 크게 비중을 둔 인물이다. 횡도천에 망명하여 정착한 직후 그가 가장 먼저 한 일이 학교 설립이

었다. 그는 임시로 거주하던 횡도천의 북산에서 1911년 2월 항도의숙恒道義塾을 세워 한인 자제들을 모아 교육을 개시하였다. 이후 유하현 삼원포를 중심으로 망명지사들이 모여들기 시작하자 학교 설립 문제를 본격적으로 논의하고 사업을 추진하였다. 그 결과 1911년 5월 14일 추가가에 신흥강습소가 개교하고 학생들을 수용하여 곧 수업을 시작하게 되었던 것이다. 이상룡의 조카 문형(이명 광민, 이봉희의 아들)과 김대락의 손자 정로正魯도 이 학교에 다니며 공부하였다.

신흥강습소의 '신흥'이란 명칭은 신민회의 정신을 계승하는 의미의 '신'과 일어난다는 '흥'에서 취하였다. 이처럼 교명조차도 신민회에 뿌리를 두고 있음을 알 수 있다. 신흥강습소의 초대 교장은 이동녕이 맡았으며, 교감에는 김달金達, 학감에는 윤기섭尹琦燮이 각기 선임되었다. 그 외에 교사로는 이갑수李甲洙 · 장도순張道淳 · 김무칠金舞七이, 교관으로는 김창환金昌煥 · 이장녕李章寧 · 양성환梁聖煥 · 이관직李觀稙 등 쟁쟁한 인물들이 활동하였다. 교과목은 국문, 역사, 지리, 수학, 수신, 외국어, 창가, 박물학, 물리학, 화학, 도화, 체조 등이었다. 그 가운데 역사 교재로는 이상룡이 망명 전후 수집한 자료를 토대로 집필한 《대동역사》를 채택하여 학생들에게 만주를 민족고토로 삼고 민족자존을 강조하는 역사를 가르쳤다.

신흥강습소는 일반 학교와는 달리 교사와 학생이 혼연일체가 되어 공부와 함께 농토를 일구고 파종하는 병농일치의 형태로 운영되었다. 또한 학교는 민족지사들이 함께 모여 독립운동을 협의하고 방략을 세우는 회합장소로도 활용되었다.

　　신흥강습소가 들어서던 무렵 이상룡은 영춘원에 거주하고 있었다. 그는 수시로 추가가에 내왕하면서 동지, 지사들과 함께 독립운동 방략과 사업을 논의하면서 학교 운영에도 힘썼다. 학교 운동회를 개최하기도 하였고, 교사 신축에 필요한 경비를 마련하기 위해 모금운동도 벌였다. 학교 모임을 운영하는 데도 주도적으로 역할을 하였으며, 심지어 교무를 전담하기 위해 1911년 11월 무렵에는 학교 옆으로 일시 옮겨 지내기까지 하였다. 신흥강습소의 본관 건물을 세우기 위해서는 광활한 토지를 매수해야 하는 등 막대한 경비와 인력이 필요하였다. 여기에는 이석영李石榮 소유의 전답을 매각한 돈이 경비로 충당되었고, 교사와 학생들의 노동력이 합쳐져 마침내 본관 건물을 준공할 수 있었다.

　　한편, 유하현에 정착한 한인 지도자들이 통화현 합니하로 깊숙이 이주하면서 그곳에도 새로운 학교 건립이 추진되었다. 합니하는 교통이 편리한 삼원포에 견주어 인적이 드문 벽지이기 때문에 독립군 양성을 목표로 하는 문무쌍전의 민족

합니하 신흥무관학교 터
©박진관

교육을 실시하는 데는 더 적합한 곳이었다. 학교 부지를 선정하고 교사를 신축한 끝에 1912년 6월에는 합니하에도 새롭게 학교가 문을 열었다. 합니하 학교의 교장은 김대락의 아들 월송月松 김형식金衡植이 맡았다. 이로써 신흥강습소는 추가가와 합니하 두 곳에서 민족교육을 실시하게 되었다.

이처럼 신민회의 구상과 경학사의 사업으로 국치 후 서간도 삼원포에서 시작된 신흥강습소는 1919년 3·1운동 후 독립군 사관 양성의 상징이 된 신흥무관학교로 성장하게 된다. 곧

1913년에 중학과정으로 개편하여 중학반과 군사반을 두었던 신흥학교는 그 뒤 중학반은 지방중학에 인계하고 군사반 중심으로 문무쌍전의 민족교육에 심혈을 기울여 오다가 1919년 3·1운동을 계기로 유하현 고산자孤山子로 이전하여 신흥무관학교로 발전하였던 것이다.

서간도 망명 이후 이상룡은 일제를 상대로 독립전쟁을 결행할 독립군 양성에 일차적인 활동목표를 두었다. 경학사를 조직하고 신흥강습소를 건립한 것도 그 궁극적 목적은 일제로부터 독립을 쟁취하는 데 있었다. 그곳의 망명지사 대부분도 이상룡과 생각을 같이 하였다. 그들이 세운 학교는 신흥강습소 외에도 각처에 수십 개가 있었고, 그 대부분의 교육목표는 독립운동의 발흥에 두었다. 서간도 각처에 들어선 민족학교는 결국 독립군 양성의 기반이 되었다고 할 수 있다.

신흥강습소를 비롯하여 도처에 산재한 소학교, 중학교를 졸업한 청년 학생들은 병농일치 형태로 운영되던 독립군단에 들어가 체계적인 군사훈련을 받고 독립군으로 성장하였다. 백서농장白西農庄을 비롯하여 마록구농장馬鹿溝農庄, 그리고 이상룡이 직접 운영한 길남장吉南庄 등이 그 대표적인 독립군단이라 할 수 있다.

백서농장은 신흥학교 출신 인물들을 주축으로 1914년에

설치되어 1918년까지 5년간 운영된 독립군단의 성격을 지닌
단체였다. 이 군단은 고산자로부터 동남쪽으로 30킬로 산중
으로 들어간 팔리초八里哨의 깊은 산속 쏘베차(小北岔)에 설
치된 군관구軍管區에 자리잡았다. 이곳은 사방 2백여 리에 걸
친 무인지경으로 인적이 닿지 않은 삼림지대였으며, 고개마루
에 위치하여 전망이 탁트인 시원한 고원 평야지대였다고 한
다. 이 군단의 장주庄主는 김동삼으로, 이곳의 청년들은 낮에
는 농사를 짓고 밤에는 군사훈련을 받는 병농일치의 둔전병
제로 생활하였다. 독립군단의 실체를 은폐하기 위해 농장이
라는 명칭을 붙였지만, 내부적으로는 '우리 군영'이라 불렀을
만큼 독립군단의 성격을 강하게 드러내었다. 병농일치의 둔전
병제로 운영되던 백서농장의 경영방식은 기타 마록구농장이
나 1918년에 세워진 길남장의 경우에도 비슷하게 적용되었을
것으로 보인다.

유하현의 마록구에 설립된 농장의 실체도 명확히 드러나지
는 않지만, 백서농장과 같은 성격의 군단이었다. 이상룡이 마
록구농장에 보내는 글에서 "지금 제군이 (마록구에) 한 농장
을 설립하여 몸과 마음을 굳게 붙이고 노동을 꺼리지 않으며
실업에 종사하고 있으니, 이것은 크게 발전할 토대가 된다. 만
일 사람마다 이렇게 힘을 쏟는다면 무슨 일인들 못하겠는가?

백서농장 사진
백서농장은 대표적인 병농일치의 둔전병식 독립군단 가운데 하나다.

⋯⋯우리가 강을 건넌 지 6~7년에 항상 목적을 말했지만 조
금도 성취하지 못한 것은 실로 밑천이 없었기 때문이다. 그런
데 제군이 농사를 짓고 있으니 그 근본을 안다고 말할 수 있
을 것이다."라고 하여 병농일치로 농사에 종사하던 청년들을
격려하고 그 장래를 크게 기대한 것은 이런 이유 때문이다.

이상룡은 또 병농일치의 둔전제 방식으로 직접 독립군단을 세워 운영하였다. 1918년 봄 화전현樺甸縣에 세운 길남장이 그것이다. 이상룡이 "무오년(1918) 봄에 내가 화전에 길남장을 설치하고 20세 이상의 장정을 모집하여 농병農兵을 만들어 반나절은 힘써 농사짓고 반나절은 군사훈련을 익히게 하였다."고 언급한 대목을 통해서 길남장을 설치한 사실을 짐작할 수 있다. 독립군단의 성격을 가졌던 길남장은 이 무렵 청년들의 연무장으로 삼기 위해 설립한 길남사吉南社, 그리고 주민들의 경제력 향상과 생활의 편의를 도모하기 위해 자신계 내에 두었던 회사 신성호新成號와 밀접한 관계를 갖고 있었던 것으로 보인다. 하지만 안타깝게도 이와 같은 둔전제 방식의 병농일체 독립군단은 외부 감시의 눈을 피해 극비리에 운영되었기 때문에 더 이상 구체적인 조직과 활동 등을 파악할 수 없는 실정이다. 다만, 1924년 4월에 하얼빈 주재 일본총영사관의 악질 고등경찰 처단을 시도한 안동 오미마을 출신의 김만수金萬秀와 무실마을 출신의 류기동柳基東 등이 길남장에서 배출한 대표적인 독립군이라 할 수 있을 것이다.

한편, 둔전병식 학교와 독립군영 등을 비롯하여 독립운동 단체와 기관을 지속적으로 운영하기 위해서는 군자금이 끊임없이 필요하였다. 특파원을 국내로 보내 자금을 마련하기도

하고. 국내에서 지원세력이 나서 후원해주기도 하였다. 이 무렵 이상룡이 아들 준형을 국내로 밀파한 것도 부족한 군자금을 마련하기 위해서였다. 고향 안동으로 내려온 이준형은 군자금 조달을 위해 예천 용궁의 이규홍과 접촉하기도 하였다. 이규홍은 경술국치 이전인 1908년에 이상룡이 가야산 의병 근거지 건설을 위해 거금을 보낼 때 그 운송 임무를 맡았던 인물이었다. 아들 이준형 외에도 이상룡이 독립운동자금 모금을 위해 극비리에 국내로 보낸 인물로는 매형 박경종朴慶鍾을 비롯하여 조카 이형국. 그리고 당숙 이승화 등이 있다. 국내로 밀파된 이들은 갖은 고초를 겪으면서도 온갖 수단과 방략을 동원하여 군자금을 모아 서간도로 가져왔다.

서간도 유하현에서 국내로 잠입한 이준형은 고향에 남아 있던 가옥과 토지를 몰래 처분하여 1천여 원을 마련하여 서간도로 보냈다. 자금을 조달받은 이상룡은 우선 이주 한인들의 생계를 향상시키기 위해 유하현 대사탄大沙灘에 집단농장을 이끌어갈 광업사廣業社라는 단체를 조직하였다. 그리고 삼통하三統河라는 강이 흐르는 습지를 중국측과 교섭하여 싼값에 빌리고 동포들을 이곳에 이주시켜 수전을 개발하였다.

이상룡이 이처럼 서간도 한인사회를 규합하면서 독립운동의 토대를 닦아가던 무렵 김대락이 타계하였다. 노구를 이끌고 망명한 뒤 이역에서 4년을 견디다가 1914년 12월 70세를 일기로 삼원포 서남쪽 30리 되는 남산藍山에서 최후를 맞았던 것이다. 안동지역의 망명인사 가운데 가장 연로한 지도자로서 서간도 한인사회의 큰 어른이었다. 13살 위의 처남 김대락은 이상룡이 평생 따르고 의지해 온 인물이었다. 그의 죽음은 이상룡에게 말할 수 없이 큰 슬픔이었다. 김대락을 기리어 지은 다음 제문에 애절한 정리情理가 잘 드러나 있다.

상룡은 공과 지혜롭고 어리석은 차이는 크지만, 전생의 오랜 인연으로 이 세상에서 형제의 의리를 맺었습니다. 함께 덕업을 권하고 공부하며, 생각이 서로 통하고 의기가 투합한 지 어언 40년이 되었습니다. 세상일이 바뀐 뒤에는 함께 종족을 보존하고 나라를 보존하는 것을 목적으로 삼았고, 함께 고금을 참작하는 것을 의견으로 삼았습니다. 강을 건너 망명한 뒤로는 또한 함께 의리를 취하고 인을 이루는 것을 지원志願으로 삼았고, 함께 '국권이 회복되지 않으면 다시 고국으로 돌아가지 않겠다'고 맹세했습니다. 평생토록 한 가지도 서로 부합되지 않는 것이 없었는데, 오직 같지 못한 것은 함께 왔어도 함께 죽지 못하는 것일 뿐입니다. 그러나 상룡도 또한 예순입니다. 스스로 헤아려 보건대, 허약한 자질은 날마다 쇠해져 오래 살아남을 상이

이상룡이 김대락을 기리며 지은 제문 일부분

아니니, 어긋나지 않는다면 손잡고 웃을 시기가 장차 멀지 않을 것입니다. 그러니 어찌 죽은 때가 같지 않다고 크게 한스러워 하겠습니까.

위 제문에는 40년을 믿고 의지하며 지내온 정리가 절절이 배여 있다. 특히 평생의 삶의 궤적을 회고하며 회한에 젖은 글의 말미에서 자신의 죽음을 예고하는 듯한 장면은 김대락의 타계로 말미암아 극도의 슬픔과 충격에 휩싸였을 이상룡의 심경을 넉넉히 짐작케 한다.

제 6 부

3·1운동과 서간도 독립운동

서간도 3·1운동과 대한독립선언서

경술국치 뒤 서간도로 망명한 이상룡이 장차 독립전쟁을 결행하기 위해 분주한 나날을 보내는 동안에 일제의 강권통치 아래 놓인 조국의 강토는 유린되고 동포들은 고통의 나날을 보내었다. 하지만 유구한 역사의 존엄과 문화민족의 자존과 권위는 국치 후 10년 만에 3·1운동이라는 미증유의 거대한 민중의 힘으로 분출하였다. 1918년 가을 1차대전이 끝나고 새로운 국제질서를 재편하려던 움직임에 상응하여 우리 민족도 일제의 마수에서 벗어나기 위한 거족적 만세운동을 일으켜 독립을 선언하기에 이르렀던 것이다.

3·1운동은 국내에서만 일어난 것이 아니었다. 해외에서도 한인사회가 형성된 곳마다 만세시위가 일어났다. 대규모 한인사회가 자리 잡고 있던 서북간도 일대에서는 크고 작은 만세운동이 치열하게 전개되었다.

1919년 3·1운동 당시 서간도에 거주하는 한인의 수는 25만명 규모였다. 이 무렵 서간도로 한인 이주가 급격하게 늘어나던 추세를 반영한 결과였다. 한인 자치기구가 등장하면서 안정적으로 생활할 수 있는 여건들이 갖춰짐에 따라 이주 초기에 한인들은 압록강에서 가까운 변경지대에 정착하다가 차츰 내륙 깊숙이 북상하여 정착하였다.

3·1운동의 기폭제가 되었던 것은 널리 알려져 있듯이 1919년 3월 1일 서울에서 공포된 기미독립선언서였다. 그런데 이 시기 만주에서도 〈대한독립선언서〉가 발표되어 한민족의 독립의지를 분명하게 표출하였다. 〈대한독립선언서〉가 나온 시기에 대해서는 그동안 여러 가지 견해가 제기되었지만 근년들어 기미독립선언서가 발표된 다음인 3월 11일이라는 주장에 힘이 실리고 있다.

이 선언서에는 남북만주와 상해, 북경 등 중국 관내지방, 그리고 연해주. 미주 등지에서 활동하던 저명한 민족 지도자들이 망라된 39명이 연명하였다. 이상룡을 비롯하여 서간도에서 그와 함께 활동하던 김동삼·여준·이동녕. 대종교 지도자 김교헌. 북간도의 김약연·김좌진. 미주의 박용만과 이승만·안창호 등이 그 대표적인 인물들이다. 이들이 한자리에 모여 서명한 것이 아니라 서로 깊은 내적 유대관계에서 시대사조에 순응하는 독립선언의 굳은 의지를 공동 명의로 표명한 것이라 할 수 있다. 뒷날 대한민국 임시정부에서 삼균주의三均主義의 이론을 정립한 조소앙趙素昻이 기초한 것으로 알려진 이 선언서는 독립전쟁을 결행할 시기가 도래하였음을 알리는 것으로, 그 중요한 대목을 보면 다음과 같다.

우리 대한은 무시無始 이래로 우리 대한의 한韓이요 이족의 한이 아니라. 반만년사의 내치외교는 한왕한제의 고유권이요, 백만 방리方里의 고산려수는 한남한녀의 공유산公有産이요, 기골문언氣骨文言이 구아歐亞에 발수拔粹한 우리 민족은 능히 자국을 옹호하며 만방을 협화하여 세계에 공진共進할 천민天民이라. 한 일부의 권權이라도 이족에 넘겨줄 의무가 없고, 한 일척一尺의 땅이라도 이족이 점

占할 권權이 없으며, 한 일개의 민이라도 이족이 간섭할 조
건이 없으니, 우리 한은 완전한 한인의 한이다……

그러므로 천의인도天意人道와 정의법리正義法理에 비추
어 만국의 입증으로 합방무효를 선포하며, 저들의 죄악을
응징하며 우리의 권리를 회복하노라.

아, 일본의 무얼武蘗이여! 징벌은 작게 하고 경계는 크
게 함은 너희의 복이니, 섬은 섬으로 돌아가고, 반도는 반
도로 돌아오고, 대륙은 대륙으로 회복할지어다……

크도다, 시대의 정의여! 이때를 만난 우리가 무도한 강
권속박을 해탈解脫하고 광명한 평화독립을 회복함은, 천의
天意를 대양對揚하며 인심을 순응코자 함이며, 지구에 입
족立足한 권리로 세계를 개조하여 대동건설을 협찬하는
까닭일새, 이에 우리 이천만 대중의 적충赤衷을 대표하여
감히 황황일신皇一神께 밝히 알리고 세계만방에 고하오
니, 우리 독립은 하늘과 사람이 모두 향응하는 순수한 동
기로 민족자보民族自保의 정당한 권리를 행사함이요, 결코
목전의 이해에 우연한 충동이 아니며, 은원恩怨에 따른 감
정으로 비분명非文明의 보복수단에 자족함이 아니다. 아,
우리 대중아 공의로 독립한 자는 공의로 진행할지라. 일체
방편으로 군국전제를 제거하여 민족평등을 전 세계에 널
리 펼지니, 이는 우리 독립의 제일의第一義요 무력 겸병을
근절하여 천하의 공도로 진행할지니, 이는 우리 독립의 본

령이요 밀맹사전密盟私戰을 엄금하고 대동평화를 선전할지니, 이는 우리 독립국의 사명이요……

단군대황조께서 상제에 좌우하사 우리의 기운을 명하시며 세계와 시대가 우리의 복리를 돕는도다. 정의는 무적의 칼이니, 이로써 역천逆天의 마귀와 나라를 도적질한 적을 한 손으로 무찌르라. 이로써 4천 년 조종祖宗의 영휘榮輝를 현양할지며, 이로써 2천만 적자赤子의 운명을 개척할지니, 일어나라, 독립군아! 떨치거라 독립군아! 천지로 망網한 한 번 죽음은 사람의 면할 수 없는 바인즉, 개돼지와 같은 일생을 누가 바라리오. 살신성인하면 2천만 동포가 다 함께 부활하리니, 일신을 어찌 아끼며, 집안이 기울어도 나라를 회복하면 3천리 옥토가 우리집의 소유이니, 일가를 희생하라. 아, 동심동덕同心同德인 2천만 형제자매여! 국민본령을 자각한 독립인 줄을 기억할지며, 동양평화를 보장하고 인류평등을 실시키 위한 자립인 줄을 명심할지며, 황천의 명명明命을 받들어 일체 사망邪網에서 해탈하는 건국인 줄을 확신하여 육탄혈전으로 독립을 완성할지어다.

만주에서 나온 〈대한독립선언서〉는, 위에서 보듯이 전문을 관류하는 정신이 인류의 보편적 공의에 따른 한민족의 독립의지 구현에 있었다. 곧 한민족의 결연한 자유의지로서 독립을 이상룡이 인명한 대한독립선언서(1919.2.)
©독립기념관

선언한다는 것이다. 나아가 이처럼 일관된 한민족의 독립의지
를 일제가 방해한다면, '육탄혈전'의 독립전쟁을 결행한다는

132   임시정부 국무령 석주 이상룡

결연한 의지를 담고 있다. 이와 같은 독립전쟁 주창은 3·1운동 당시 서북간도를 비롯한 만주 전역의 한인사회에 팽배하던 독립운동의 주된 사조였다고 할 수 있다. 이상룡은 서간도 한인사회에서 독립전쟁을 주창하던 대표적인 인물이었다.

서간도지역의 3·1운동은 유하현 삼원포, 통화현 합니하, 신빈현 왕청문 등지를 중심으로 하여 부민단과 기독교·대종교 세력을 중심으로 시작되었다. 3월 초에 시작되어 4월까지 이어졌다. 삼원포는 서간도에서 가장 먼저 만세운동이 시작되었을 뿐만 아니라 큰 규모로 왕성하게 일어났던 곳이다.

국내에서 3·1운동이 일어났다는 소식을 듣게 되자, 신흥학교 교사를 비롯한 한인들은 즉시 3·1운동 축하회를 개최하였다. 여기에는 부민단 간부들과 삼원포교회의 신도, 그리고 은양학교의 교사와 학생 등 수백 명이 참석하였다. 3월 12일에도 삼원포 한인들은 태극기를 게양하고 기독교 신도가 중심이 되어 서문 밖 교회에서 2백여 명이 모여 대한독립 경축대회를 열었다. 동명학교 교장 한경희 목사 등 여러 연사가 앞을 다투어 연단에 올라가 "조국 광복의 시기는 왔으며 동포들은 다같이 궐기하여 광복전선에 앞장서야 한다."고 열변을 토하며 일제를 규탄하였다. 대회장은 감격과 흥분에 휩싸였고, 만세소리가 삼원포 상공에 메아리쳤다. 군중들은 태극기와 함께

"나의 강산을 돌려 달라", "일제는 물러가라", "독립만세"라는 기치를 들고 강을 건너 삼원포 시내를 향해 행진하였다. 이 광경에 놀란 중국 경찰들은 시위대를 향해 사격을 가해 시위 군중 9명이 쓰러졌다.

삼원포에서는 3월 17일에도 학생들과 부민단원 등 1천여 명이 운집하여 시위를 이어갔다. 이날 시위 군중은 달아오른 열기로 말미암아 국내까지 진출하여 시위운동을 벌이자는 의견도 있었으나 이시영의 만류와 충고로 멈추었다. 이날은 대사탄大沙灘에서도 학생들과 주민 5백 명이 모여 독립선언 축하식을 거행하고 만세를 불렀다. 삼원포에서는 그 뒤 3월 22일까지 산발적으로 만세시위가 지속되었다.

통화현의 경우에도 3월 12일 만세운동이 일어났다. 통화현 금두화락金斗伙洛에서 기독교인들과 '한인청년회' 회원 등 주민 3백 명이 교회에 집결하여 대한독립 만세를 부르며 태극기를 들고 시위를 벌였다. 3월 하순 이후 통화현에서는 항일전을 준비하고 친일파들을 단죄하는 등 만세시위운동이 적극적인 무장투쟁으로 발전하는 추세를 보였다. 그리하여 그곳의 한인들은 총기를 구입하고 군사훈련을 하였고, 상당수의 군복을 짓기까지 하였다.

서간도의 3·1운동은 위에서 언급한 유하현과 통화현 뿐만 아니라 한인이 가장 많이 거주하던 집안현을 비롯하여 환인·장백·무송현에 이르기까지 급속하게 파급되어 4월까지 이어졌다. 이처럼 서간도 한인사회에서는 국내에서 일어난 만세시위운동에 호응하여 적극적으로 만세운동이 일어나 민족의식이 고무되고 독립 열기가 뜨겁게 달아올랐다.

한족회의 탄생

3·1운동은 한민족의 독립 열기를 고조시켜 만주 독립전쟁을 촉발하는 계기가 되었다. 3·1운동으로 달아오른 독립 열기에 고무된 청년들이 압록강·두만강을 건너 만주로 넘어가던 것도 시대의 한 추세였다. 한민족의 저력은 3·1운동에서 엄청난 규모로 분출되었지만, 고대하던 독립은 오지 않고 일제의 탄압과 감시만 더욱 강화되어 갈 뿐이었다. 이와 같은 상황에서 3·1운동에 참여한 인물들은 일제의 감시를 피해 새로운 독립운동의 방향을 모색코자 서북간도와 연해주, 상해와 북경 등 해외로 탈출하게 되었던 것이다.

서북간도 전역에 걸쳐 한인사회에서는 3·1운동의 결과 독립전쟁의 시기가 도래한 것으로 믿고 이를 결행하기 위해 크고 작은 독립군단이 우후죽순처럼 나타났다. 3·1운동 직후 국내외의 민족지사들은 독립전쟁만이 일제로부터 해방될 수 있는 유일한 방편임을 절감하고 있었다. 이 무렵 북간도에서 조직된 독립군단만 보더라도 북로군정서(대한군정서), 대한국민군, 대한독립군, 군무도독부, 대한의군부 등 대규모 군단에서부터 대한광복단, 의민단, 대한신민단, 대한정의군정사 등 등 중소 규모의 무수한 독립군단이 있었다. 또한 서간도에서도 이상룡이 이끈 서로군정서와 박장호 등 의병장 출신이 주축이 된 대한독립단 등을 비롯해 광복군총영, 광복단, 의성단, 천마대 등 수십 개의 대소 군단이 독립전쟁을 표방하고 나섰다. 이러한 현상은 독립을 향한 한민족의 고조된 열기가 일시에 분출된 결과이기도 하다.

3·1운동 이후 독립운동의 여건 변화에 능동적으로 대처하기 위해 기존의 한인 자치단체들도 새로운 변신을 시도하였다. 북간도 한인사회의 대표적인 자치결사였던 간민회墾民會가 대한국민회大韓國民會로 확대 개편된 것도 이 무렵이었다. 서간도에서도 이상룡의 주도 아래 부민단을 근간으로 하여 자신계, 교육회 등의 단체들을 통합시켜 한족회韓族會를 발족하였고, 그 산하에 독립군단을 편성하고 군비 확충과 군사훈련에 몰두하였다.

이상룡은 3·1운동 직후 독립 열기가 고조되던 상황에서 서간도 각지의 한인사회 및 단체의 대표들과 협의하여 한족회를 결성하였다. 삼원포에 중앙총부를 두고 있던 한족회는 기관지 《한족신보韓族新報》를 발간하였다. 중앙조직과 지방조직을 모두 갖춘 한족회는 중앙에는 총장, 지방에는 총관總管을 두어 각기 조직을 이끌게 하였다. 중앙총장에 이탁李沰을 내세우고 이상룡은 중앙위원회 위원으로서 한족회의 운영을 지도하는 역할을 맡았다. 중앙에는 서무·외무·법무·학무·재무·군무 등의 부서를 두어 역할을 분담하였다. 그리고 유하·통화·환인·흥경·집안·임강·해룡 등 한인사회가 형성된 곳마다 지방조직을 두고 그 규모에 따라 구區, 소분구小分區 등을 만들어 운영하였다.

1920년 봄 한족회 중앙총부가 있던 삼원포를 방문한 《아리랑》의 주인공 김산은 그때 받은 강렬한 인상을 다음과 같이 회고하였다.

아주 흥미진진한 경험이 하나 있다. 삼원포라는 곳에서 나는 강가에 있는 보통학교 기숙사에 머물고 있었다. 이곳은 조그마한 민주적 도시였다. 읍내에는 중국인이 3천 명, 한인이 약 1천 명 가량 살았고, 부근에는 한인이 7천 명쯤 살고 있었다. 한인은 자기들의 인민정부(한족회-

님 웨일즈의 《아리랑》 원서 표지
김산의 삼원포 방문기록이 실려 있다.

One of my experiences was very exciting. At Sanyuanp'u I was
sleeping in the dormitory of a primary school near the river. This
was a democratic little town. Together with 3,000 Chinese, there
were about 1,000 Koreans living in the town, and 7,000 near by. The
Koreans had their own "people's government" and court, and prac-
ticed real self-government. They were true nationalists and spoke
only Korean. The schools taught English and a little Japanese but
no Chinese.

필자 주)와 재판소를 가지고 있었으며 진정한 자치제를 시
행하였다. 학교에서는 영어와 약간의 일본어를 가르쳤지만
중국어는 전혀 가르치지 않았다.

서로군정서의 결성

　이상룡을 주축으로 간부진을 결성하고 본격적인 활동에 들어간 한족회는 군정부의 건립에 활동목표를 두었다. 일제와 대결하여 조국의 독립을 달성하기 위해서는 독립군을 편성하고 훈련시켜 독립전쟁을 결행해야 했고. 이를 위해서는 이 업무를 전담할 군정부의 건립이 반드시 필요하였다. 따라서 한족회는 여기에 필요한 군자금을 수집하는 한편 군정부 건립에 착수하였다. 3·1운동 발발 후 국내에서 몰려오는 청소년과 현지의 장정을 모아 신흥학교 등에서 군사훈련을 시키는 한편. 군정부의 중요기구를 갖추어 나갔다. 1919년 4월. 서간도에서 군정부가 모습을 갖추어 가던 무렵. 상해에서는 3·1운동으로 분출된 전 민족의 독립 염원을 안고 대한민국 임시정부가 수립되어 독립운동의 최고기관으로 활동을 개시하였다. 이에 이상룡을 비롯한 서간도 군정부 인사들은 상해 임시정부와 협의하여 다음과 같은 사항을 결정하였다.

　첫째. 국내외 모든 독립운동을 통할할 임시정부는 국제외교에 적합한 상해에 둔다.
　둘째. 독립군을 지휘할 군정부는 지리적으로 국내 진공이

용이한 만주에 둔다.

이상룡은 이러한 타협안에 대해 "정부를 세우기에는 때가 너무 이르다. 그러나 이미 세워진 바에야 한 민족이 어찌 두 개의 정부를 가질 수 있겠는가. 정부를 상해에 양보하기로 하고 우리는 군정부를 군정서로 고치자."고 하여 수용 의사를 보였다. 임시정부와 한족회의 이 같은 타협안은 1919년 11월 17일 상해 임시정부의 의정원에 상정하여 통과되었다.

위에서 언급한 임시정부와 한족회의 합의 내용은 서간도의 군정부를 군정서로 개편하고 한족회의 업무도 군정서에서 관리하게 한다는 것이다. 즉 외형적으로 볼 때 서간도의 군정기관인 군정부와 민정기관인 한족회가 군정서로 통합되고, 군정서는 임시정부 산하에 들어간다는 것이다. 이 군정서는 서간도에 위치하였기 때문에 서로군정서西路軍政署가 되고, 같은 시기에 북간도에서는 서일徐一과 김좌진金佐鎭이 이끄는 북로군정서가 탄생하여 서북간도의 양대 독립군단이 임시정부 산하의 군사기관이 되었다.

이상룡은 서로군정서의 총책임을 맡은 독판督辦에 선임되었다. 그 아래 부독판에는 여준呂準, 정무청장에는 이탁, 내무사장에는 곽문, 법무사장에는 김형식金衡植, 군무사장에는 양규열梁圭烈, 참모부장에는 김동삼, 그리고 사령관에는 지청천池靑天이 임명되었다.

지청천 장군

이처럼 간부진을 구성한 서로군정서는 1919년 5월 신흥학교를 신흥무관학교로 개편하여 실질적으로 독립전쟁을 담당할 독립군과 그들을 지휘할 간부 양성에 주력하였다. 유하현 고산자에 본교를 두고 통화현 합니하와 쾌대무자快大茂子에 분교를 세웠다. 무관학교로 개편한 뒤 초대 교장은 충남 아산 출신으로 이순신 장군의 후예인 고광古狂 이세영李世榮이 맡았고, 연성대장은 지청천. 그리고 교관은 오광선吳光鮮·신팔균申八均·이범석李範奭·김경천金擎天 등이었다.

이상룡은 1920년 상해에 있던 임시정부의 안창호에게 보낸 편지에서 신흥무관학교에서 양성한 독립군으로 우등 자격을 갖춘 자가 5백~6백 명. 2~3등 자격을 갖춘 자가 7백~8백 명이며. 새로 입교하여 아직 교육을 받지 못한 자들도 상당수라고 하였다. 이러한 편지 내용만 보더라도 신흥무관학교 출신

독립군 요원은 근 1천 5백 명에 이른다. 이렇게 배출된 인력을 기반으로 편성한 서로군정서 독립군은 압록강 대안의 평북 강계·삭주 등지로 건너가 일제의 이른바 국경수비대를 상대로 본격적인 대일전을 전개하였다.

이상룡이 이끈 서로군정서가 임시정부의 산하에 들어갔다고 하더라도 일방적으로 종속되는 자세를 보이지는 않았다. 오히려 서로군정서는, 겉으로는 독립전쟁론을 표방하면서 정작 이를 결행하고자 할 때는 소극적인 입장을 보인 임시정부에 대해 즉각 무장투쟁에 나설 것을 주장하면서 그를 실현하기 위해 여러 가지 요구사항을 제시하였다.

도산 안창호는 1919년 7월 임시정부 내무총장으로 취임할 무렵 자신의 독립운동 방략을 피력한 바 있다. 이때 그는 독립전쟁보다는 외교활동을 더 중요한 방략으로 제시하였다. 그는 외교와 내무, 재정을 강조하고 정작 군사에 관한 것은 제일 마지막으로 언급하였던 것이다. 취임 후 한 달이 지나고 안창호는 그러한 자신의 생각을 정리한 서신을 이상룡에게 보냈다. 그 편지를 받은 이상룡은 군사, 곧 독립전쟁을 최우선에 두어야 한다는 생각을 피력하여 다음과 같이 답신하였다.

무기는 이곳이 북쪽으로 러시아와 닿아 있고 서쪽으로

중국과 통하는 곳이라 상당한 군자금만 있으면 수입할 길이 있지만, 한스러운 것은 재정이 뒷받침되지 못하는 것입니다. 그로 인해 시간만 허비하고 준비한 것은 적으니, 호기를 놓치고 초심을 저버리지 않을까 심히 염려됩니다. 합하閤下(안창호)가 제4항 군사를 최종으로 확실히 인정한다면 남만주 일대를 마음속에 고려하지 않을 수 없을 것이고, 비록 재목이 못되지만 저 또한 감히 힘을 다하지 않을 수 있겠습니까? 기회란 아침저녁으로 다른 것입니다. 합하가 앞서 정한 네 가지 대단大端 중에서 순서를 바꾸어 제4항 군사를 제1항으로 삼고 제3항 재정을 제2항으로 삼아, 오로지 군사와 재정에 전력을 기울여주기를 바랍니다. 그렇게 되면 이른바 제1항 외교와 제2항 내무는 크게 신경을 쓰지 않아도 순조롭게 성취될 것입니다.

두말할 것도 없이 이상룡이 위 편지에서 역설하고 강조한 것은 독립전쟁이었다. 재정도 독립전쟁을 뒷받침하기 위한 방편으로 제시한 것이므로 결국 독립전쟁으로 수렴되는 것이었다. 그는 이러한 생각을 갖고, 외교적 노력을 우위에 두던 안창호에게 무장투쟁을 독립운동의 중심으로 삼아야 한다고 설득한 것이다. 안창호와 다르게 독립전쟁을 최우선시하던 이상룡의 견해는 서로군정서 주도세력의 일치된 견해이기도 하였다.

경신참변

서로군정서 독립군은 국내외 각지에서 한인들로부터 모금한 군자금으로 연해주 등지에서 무기를 구입해 무장을 갖추었다. 일제 군경을 상대로 항일전을 벌이기 위해서는 군자금 모금과 무기 구입을 통한 무장이 반드시 선행되어야만 했던 것이다.

이러한 토대 위에 독립전쟁을 결행하는 데 알맞게 서로군 정서는 조직과 편제를 새롭게 갖추었다. 사령관 지청천 휘하에 헌병대와 4개 중대, 그리고 경비대, 별동대, 유격대 등을 두고 이들 부대를 적절하게 항일전에 투입하였다.

서로군정서 독립군이 본격적으로 항일전을 개시한 것은 1920년 5월부터였다. 독립군 대원들은 10명 또는 20명으로 유격대를 편성하여 압록강을 건너 강계, 자성, 벽동, 위원 등 평북 국경지대로 들어가 일제의 경찰 분소와 면사무소 등을 습격하였던 것이다.

한편 서로군정서 외에도 서간도에는 이 시기에 다수의 독립군단이 편성되었다. 유하현에서 홍천 의병장 출신인 박장호 朴長浩가 중심이 되어 편성한 대한독립단大韓獨立團이나 장백현에서 결성된 대한독립군비단大韓獨立軍備團, 그리고 관전현에 근거지를 둔 광복군총영光復軍總營 등과 같은 군단들도 활발하게 무장투쟁을 펼쳤다. 뿐만 아니라 두만강 대안의 북간도에서도 홍범도洪範圖 장군이 이끈 대한독립군. 최진동崔振東이 지휘하던 군무도독부. 김좌진의 북로군정서. 안무安武를 사령관으로 한 대한국민회군 등의 독립군단들도 국경지대를 수시로 넘나들면서 일제 군경을 상대로 활발한 항일전을 벌여 적지 않은 타격을 주었다.

3·1운동 이후 서북간도 전역에서 이처럼 독립군에 의한 독립전쟁이 활발하게 펼쳐지자. 일제는 그에 대한 대비책을 강구한 끝에 중국 당국으로 하여금 독립운동 세력을 탄압하도록 압력을 가하였다. 그 결과 1920년 5월부터 8월까지 '중일합동수색'이라는 명목 아래 4개월에 걸쳐 서북간도 전역에서 독립군 및 항일단체에 대한 대대적인 수색 탄압작전이 벌어졌다. 외관상으로는 중일합동을 표방하였으나 실제로는 일제 군경에 의한 독립군 학살이었던 셈이다.

중일합동수색대는 서간도지역의 경우 가장 유력한 독립군단인 서로군정서 탄압에 주력하였다. 1920년 6월에는 유하현의 야저구野猪溝 밀림지대에서 김우권金宇權이 이끄는 서로군정서 의용군 제1중대가 합동수색대와 교전 끝에 대원 6명이 전사 순국하는 비운을 겪었다. 또 같은 달에는 제2중 독립군이 국내로 진입하기 위해 이동하다가 집안현에서 합동수색대

간도를 침공한 일본군의 포고문

를 만나 교전하기도 하였고, 한 달 뒤인 7월에는 제1중대 독
립군이 역시 집안현의 상화보祥和堡라는 곳에서 교전을 벌였
다. 그럼에도 불구하고 중일합동수색에 의한 독립군 탄압은
한계가 드러나 일제로서는 기대하는 만큼 성과를 거둘 수 없
었다. 일제의 강압으로 마지못해 가담한 중국 측이 독립군 탄
압에 열의없이 형식적으로만 임했기 때문이다.

　이에 일제는 자국의 군대를 직접 동원하여 간도 한인사회
의 독립운동세력을 근원적으로 '말살'하려는 대규모 작전계획
을 수립하기에 이르렀다. 이른바 '간도지방불령선인초토계획

간도를 침공한 일본군 제19사단

間島地方不逞鮮人剿討計劃'이 그것이다. 이는 동시에 장차 만주 공략을 위한 일제의 입지를 더욱 강화할 수 있는 포석의 일환이기도 하였다. 한반도를 점령해 있던 이른바 주차조선군 제19사단을 중심으로 한 일본군의 이러한 군사작전 계획은 1920년 6월 독립군의 봉오동승첩 직후부터 구체적으로 입안에 들어가 8월에 완료되었다. 이어 10월 초에 일제는 의도적으로 조작해 낸 혼춘사건琿春事件을 빌미로 전격적으로 서북 간도 전역에 걸쳐 대대적인 침공을 감행하기에 이르렀다. 그 결과 제19사단에서 9천 명이 동원된 것을 비롯하여 제20사단에서 7백 명, 연해주 블라디보스토크에 주둔한 포조군浦潮軍 제14사단에서 4천 명, 제11사단에서 1천 명, 제13사단에서 1천 명, 북만주파견대에서 1천 명, 관동군에서 1천 2백 명이 동원되어 총 1만 8천 명 내지 2만 명에 이르는 대규모 병력이 투입되어 독립군을 탄압했을 뿐만 아니라 한인사회 자체를 초토화시켰다.

일본군의 대규모 침공에 직면한 북간도의 여러 독립군단은 그 예봉을 피해 근거지를 백두산록으로 옮기기 위해 그 길목인 화룡현으로 이동하였다. 그리고 화룡현의 2도구, 3도구 청산리 일대에서 1920년 10월 21일부터 26일까지 일주일 동안, 제19사단을 주력으로 하는 일본군을 상대로 10여 차례에 걸쳐 크고 작은 전투를 벌여 모두 대승을 거두었다. 이것이 독립군전사에서 가장 빛나는 청산리대첩이다. 정예 일본군을 상대로 대승을 거둔 독립군은 홍범도가 지휘한 독립군 연합부대, 그리고 김좌진이 거느리던 북로군정서 등 2천 명 규모였다. 이때 독립군은 무려 일본군 2천~3천 명을 살상하는 공전의 전과를 올렸다.

청산리대첩기념비
현 중국 길림성 화룡현和龍縣 청산리 산림장 소재.

일본군은 독립군을 직접 탄압했을 뿐만 아니라 서북간도
도처에서 한인사회를 초토화시켰다. 독립운동세력의 근원이
되는 한인사회를 초토화시켜 이른바 그 화근을 제거한다는
이유에서였다. 1920년 10월부터 일본군이 간도에서 완전히 철
수하는 이듬해 봄까지 거의 반 년 동안 서북간도 한인사회가
입은 참화를 경신참변庚申慘變이라 부른다.

이때 서간도에 견주어 한인사회가 상대적으로 밀집되어 있
던 북간도 일대가 더 큰 참화를 입었지만, 이에 못지않게 서간

간도참변 합동 장례식 모습

도 각지에서도 '시산혈하尸山血河'의 참변을 당하였다. 그 가운
데서도 흥경현의 왕청문旺淸門 한인사회가 입은 참화는 특기
할 만하다. 이곳을 내습한 일본군은 이근진李根眞 장로를 비
롯한 왕청문교회의 교인들과 학교 교원 등 10여 명을 인적이
드문 깊은 산중으로 끌고 가 무참히 살해하였다. 왕청문에서
는 서보교회와 강남교회, 그리고 민족교육기관이던 삼성학교
三成學校가 이때 초토화되었다.

〈北西墾島에서 慘死한 同胞 追悼文〉
경신참변 수난 동포 추도문.《독립신문》1920년 12월 18일자.

한족회의 자치구역 안에 있던 통화현의 서반랍배西半拉背
는 20여 호에 지나지 않은 작은 한인마을이었으나. 이곳도 일
본군에 의해 폐허가 되었다. 여기에는 평북 정주에서 온 이주
민들에 따라 1918년 개교한 배달학교培達學校가 있었다. 이곳
에 들이닥친 일본군은 학교의 집기를 파괴하고 교원 3명 전원
과 한족회 자치회원들을 참살하는 만행을 저질렀다.

광복군총영의 근거지였던 관전현의 홍통구紅通溝에서도 일
본군의 만행이 이어졌으며. 동서구東西溝에서는 일본군이 한인

30명을 포박한 뒤 손바닥(掌心)과 목(頸皮)을 철사로 꿰어 끌고 다니다가 끝내 얼음 속에 빠뜨려 살해하는 극악무도한 만행을 저질렀다.

일제의 이와 같은 만행은 평북 혜산진 대안의 오지인 장백현 일대의 한인사회에까지 자행되어 이곳에서도 4백 명이 체포되고 212명이 참살당했다는 기록이 보인다.

상해 임시정부에서 간도 파견원의 조사보고에 의거하여 서북간도 일대에서 입은 참화의 피해를 집계했을 때, 유하·삼원포·왕청문·관전 등지를 중심으로 하는 서간도 일대에서만도 한인 1,323명이 피살되고 125명이 체포당한 것으로 기록하고 있다. 서북간도 전역에서는 모두 3,623명이 희생된 것으로 보고한 사실로 미루어 보더라도 이때 한인사회가 입은 참화는 실로 충격적이었다. 요컨대 경신참변은 3·1운동을 계기로 급속히 고조된 한민족의 독립열기를 차단하기 위해 일제가 간도 한인사회를 의도적으로 초토화한 사건이었고, 그만큼 참변의 실상은 극도로 참혹하고 잔인하였던 것이다.

서로군정서의 근거지 이동

앞서 언급하였듯이 1920년 5월에 들어와 중일합동수색이란 명목 아래 간도에서 활동하던 독립군세력에 대한 탄압이 전방위로 이루어지게 되자, 서로군정서는 탄압을 피해 장기적으로 항전을 지속하기 위한 준비에 들어가 새로운 군사 주둔지를 물색하게 되었다. 이에 백두산 북쪽의 안도현安圖縣에 새로운 독립군 근거지를 만들려는 계획을 세우고 주력부대를 그곳으로 이동해 주둔케 하고, 서로군정서의 본부는 길림 아래 화전현으로 옮기기로 하였다. 이 무렵 이상룡은 서로군정서 헌병대장 성준용成駿用과 사위 강남호姜南鎬 등에게 독립군의 새로운 활동 근거지 물색 임무를 부여하고 백두산 아래 안도현의 내두산奶头山, 內島山 방면으로 파견하였다. 이들을 보내면서 이상룡은 이렇게 기원했다.

이 행차는 신명이 돕고　　　　　　此行必護神明助
단군께서 돌보시리라　　　　　　檀帝於昭眷大東

이같이 천지신명과 단군 할아버지에 가탁하여 절절히 기원한 사실만 보더라도 새로운 근거지를 물색하는 일이 얼마나 중대한 당면과제였는지 짐작할 만하다.

서로군정서는 현지를 탐색한 선발대의 안내에 따라 안도현의 삼인반三人班이라는 곳으로 이동해 주둔하였다. 사령관

내두산 마을
서로군정서가 새로운 근거지로 물색하였던 안도현 삼인반 일대의 마을.

지청천 이하 다수의 사관생도를 포함하여 4백여 명이 통화현을 떠나 안도현으로 옮겨 간 것이다. 백두산으로 들어가는 길목의 울창한 삼림지대에 위치한 삼인반은 북간도의 화룡현과 이웃해 있어 그곳 독립군들과도 연락하기 쉬운 곳이었다. 이곳에 주둔하는 동안에는 김좌진의 북로군정서와 군사상 연합을 맹약하고 또 대한독립군을 거느린 홍범도 장군과도 기맥을 통하면서 성세를 이루었다. 이상룡의 명을 받은 지청천이 소대 병력을 동원하여 일제와 내통한 비적을 격파한 것도 이 무렵의 일이다.

안도현에 주둔하는 동안 서로군정서는 독립전쟁을 수행하는 데 군사적 협력을 도모하기 위해 북간도에서 활동하던 북로군정서와 조약을 맺었다. 이에 앞서 1918년 이상룡이 화전현의 밀십합密什哈이라는 곳에서 김좌진을 만나 군무를 협의하였

북로군정서 사령관 백야 김좌진

고. 그 뒤에도 화전에서 다시 한 번 그를 만나 군사상 연합을 협의한 일이 있었다. 이와 같은 토대 위에서 이상룡은 서로군정서와 북로군정서 두 군단의 관계를 '하나면서 둘이고 둘이면서 하나'라고 표현했을 만큼 긴밀히 인식하고 있었다. 이에 1920년 5월 북로군정서 사령관 김좌진과 서로군정서 헌병대장 성준용이 임시정부 옹호. 군사 협의. 사관과 무기 협력 등을 골자로 하는 조약을 체결함으로써 상호협력 아래 군사작전을 펼칠 수 있게 되었다.

1920년 10월 26일 고동하전투를 끝으로 청산리대첩을 마

무리한 북로군정서 등 북간도의 대소 독립군단은 일본군의 포위망을 피해 지체 없이 안도현으로 북상하였다. 지청천이 거느리던 서로군정서 독립군도 삼인반에서 북로군정서와 합류한 뒤 황구령黃口嶺을 지나 곧장 대장정에 올라 러시아와 접경한 국경지대인 밀산密山에 집결하였다. 이어 밀산에 모인 크고 작은 여러 독립군단은 대한독립군단大韓獨立軍團이라는 명칭 아래 단일 편제로 통합하여 1921년 1월 러시아 연해주 이만(현 달네레첸스크)으로 넘어간 뒤, 알렉세예프스크(자유시, 현 스보보드니)로 향하는 새로운 장정길에 오르게 되는 것이다.

제 7 부

서간도 독립운동세력 통합

북경군사통일회의 참가

지청천을 중심으로 한 서로군정서 대원들이 안도현을 거쳐 밀산 장정을 떠난 뒤 나머지 독립군은 신광재辛光在의 인솔 아래 진영을 정비하며 전열을 갖추었다. 1921년 5월 서로군정서는 그동안 쇠약해진 군세를 만회하기 위해 향후 활동 방향을 점검하고 임시정부의 모호한 지도노선에 대해 명확한 입장을 표명하기 위해 액목현額穆縣에서 회의를 열었다. 회의 결과. 서로군정서는 위임통치를 주장한 이승만을 퇴출시킬 것과 개조를 통해 임시정부가 자기혁신을 할 것을 요구하였다. 나아가 이러한 요구가 수용되지 않을 경우. 서로군정서는 임시정부를 탈퇴하고 관계를 단절할 것이라고 선언하였다. 곧 액목현 회의를 계기로 서로군정서는 독립전쟁론을 부각시키면서 성립 이후 그동안 줄곧 관계를 유지해 오던 상해 임시정부와 노선 차이를 분명히 드러내면서 일정한 거리를 두게 되는 것이다. 하지만 서로군정서의 이러한 입장은 임시정부를 부정하는 것이 결코 아니었다. 오히려 개조를 통해 새로운 혁신을 이룩함으로써 임시정부가 제대로 된 지도력을 발휘할 수 있기를 바라는 충정에서 나온 것이라 할 수 있다. 액목현 회의 개최 당시 이상룡은 후술할 북경군사통일회에 참석 중이었기 때문에 북경에서 이러한 회의 소식을 보고받았다.

이에 앞서 1920년 8월 북경에서 박용만朴容萬과 신숙申肅. 신채호申采浩 등 15명의 독립운동가들이 군사통일촉성회를 조직하고 각처에 산재한 여러 단체들의 대표를 소집하였다. 각지에 고립 분산되어 있는 독립군 세력을 통일적으로 지도함으로써 독립운동 전선에서 민족의 전력을 극대화할 목적에 서였다. 그러나 곧이어 감행된 일제의 간도 침공과 한인사회의 수난으로 말미암아 이러한 계획에 차질이 생겨 일이 순조롭게 진행될 수 없었다. 간도 한인사회가 수난을 당하고 독립운동 전열이 교란당한 상황에서 군사통일 문제는 더욱 절급한 시대적 당면과제로 부상되었다. 한편 이른바 위임통치 문제를 야기한 이승만이 상해에 도착한 1920년 12월 이후 상해 독립운동계도 크게 동요하고 있었기 때문에, 새로운 독립운동 방략을 수립해야 할 필요성이 절실히 대두하였다. 이와 같은 시대적 배경 아래 1921년 4월에 북경군사통일회의가 열렸던 것이다.

서로군정서의 장래가 불투명한 상황에서 군사적 통일의 필요성을 느끼고 있던 이상룡은 북경군사통일회의 소집 통보와 참석 요청을 받고 1921년 2월 성준용·배달무襄達武·송호宋虎·이진산李震山 등과 함께 북경으로 갔다. 2월 18일 이상룡 일행이 북경에 도착하자 회의를 소집한 박용만과 신숙, 이회영 등이 반갑게 맞이하였으며, 이상룡을 좌장으로 하는 회의를 추진해 갔다. 4월부터 6월까지 3개월 동안 개최된 이 회의에 참석한 인물은 국내 국민공회 대표 박용만, 러시아 대한국민의회 대표 남공선을 비롯하여 국내외 11개 단체에 20여 명 규모였다. 이상룡과 함께 간 성준용과 송호도 서로군정서 대표로 참가하였다.

회의에서는 〈선언서〉를 통해 현하 무장투쟁의 당위성과 군사통일의 필요성에 의해 대회가 소집된 사실을 강조하여 "우리 독립문제는 군사가 아니면 해결이 불가능하고, 군사운동은 통일이 아니면 성공은 난망일새. 이에 군사통일의 절대 필요를 감안하여 내외지 각 단체 연합으로 본회가 성립되었다."고 역설하였다.

그런데 회의가 진행되는 동안 임시정부 부인과 이승만의 위임통치 청원을 성토하는 것이 주요한 현안으로 떠올랐다. 임시정부 불승인 결의는 군사통일과 나아가 항일전을 결행해야 하는 당면 목표를 이행할 지도기관의 필요성이 대두된 상황에서 제기된 문제였다. 그리하여 5월에는 1919년의 국민대회를 계승하는 새로운 정부로 대조선공화국을 수립하여 상해 임시정부를 대신하기로 결의하기까지 하였다. 심지어는 이상룡을 정부 수반인 대통령으로 하고, 그 아래 국무총리 신숙, 외무총장 장건상, 내무총장 김대지, 재무총장 김갑, 군무총장 배달무, 교통총장 박용만 등 국무위원까지 선출했을 정도였다. 이러한 결정에 대해 그는 "특별히 여러분에게 승인을 받게 되는 것은 사적인 혐의가 있음을 면할 수 없고, 또한 서로군정서의 독판직에 있으면서 또 다른 직책을 맡을 수 없다."고 하며 이를 수락하지 않았다. 결국 임시정부 불승인과 이승만 성토 두 가지 문제가 강하게 제기되면서 일부 인물들은 여기에 강한 불만을 드러내었다.

북경군사통일회의에서 제기된 임시정부 불승인은 임시정부와의 밀접한 관계 아래서 탄생한 서로군정서의 독판 이상룡으로서는 받아들이기 어려운 문제였다. 성준용이 도중에 회의를 탈퇴한 것도 이런 불만 때문이었다. 이상룡은 3·1운동에서 표출된 한민족의 독립 염원을 담고 출범한 임시정부를 스스로 부정하는 것은 옳은 일이 아니고, 혁신(개조)을 통해서 기능과 지도력을 회복해야 한다고 믿었다. 곧 개조를 통해 침체된 임시정부의 권위와 기능을 정당하게 회복시킨 다음, 임시정부의 지도 아래 군사통일과 독립전쟁을 결행하는 것이 독립운동의 올바른 방략이라는 신념을 굳게 가졌던 것이다.

이상룡은 북경에 체류하는 동안 만주 액목현에서 서로군정서를 이끌고 있던 여준, 이탁과 연락을 취하고 있었다. 액목현 부근 소백산하小白山下 북대영北大營에 독립군이 주둔할 수 있는 적당한 근거지를 물색해 놓은 사실도 이들이 5월에 보내온 서신을 통해 알았고, 6월에는 액목현 회의에서 결의된 내용도 이들을 통해 듣게 되었다. 액목현 회의 소식을 들은 이상룡은 군사통일회의에 대한 미련을 버리고 즉시 서간도로 돌아갔다.

서로군정서의 개편

북경군사통일회에 참석한 뒤 이상룡은 만주 길림에 도착하였다. 이곳에서 서로군정서 부독판 여준과 참모장 이탁. 그리고 한족회의 김동삼 등과 함께 토론한 결과 상해 임시정부에서 탈퇴하기로 결정하였다. 아무런 변화가 없는 임시정부를 향한 희망과 기대를 끝까지 가져갈 수 없는 상황에 이른 것이다. 이상룡을 비롯하여 서로군정서 지도자들은 더 이상 임시정부를 의지하지 말고 서간도 지역이 독자적으로 무장투쟁의 확고한 방략을 세워 이를 결행하는 것이 더 효과적이라는 결론을 내렸던 것이다.

이 무렵 이상룡은 서간도의 동지들과 상의한 뒤 이탁과 김동삼을 영안현寧安縣으로, 송호를 안도현으로 각각 보내어 독립군을 주둔시키고 농사를 지을 만한 적지를 물색하도록 하였다. 이전 신흥무관학교와 백서농장의 예에서 보듯이 병농일치의 둔전병제 방식으로 독립군 사관을 양성할 생각이었다.

북경군사통일회의 뒤 서로군정서의 활동목표는 연전에 일어난 일본군의 침공과 독립군의 이산으로 말미암아 침체된 조직을 재건하고 둔전병제 실시를 통해 군사력을 양성하며

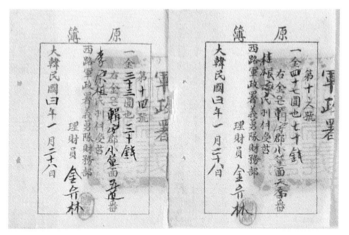

장차 벌어질 독립전쟁에 대비하는 데 있었다. 내외 동포로부터 나오는 출연·의연금에 전적으로 의존해서는 장기적인 독립운동을 지속하기가 현실적으로 불가능하다고 판단하였다. 이상룡은 이러한 한계를 극복하기 위한 방안으로 토지 개간과 경작을 공동으로 하고 군사훈련을 함께 진행하는 둔전병제 방식에 집착하였던 것이다.

　이처럼 서간도 독립군 근거지 재건에 심혈을 기울이던 무렵 대한제국 군인 출신으로 상해 대한민국 임시의정원에서 의원으로 있던 황학수黃學秀, 1877~1953가 북경군사통일회의가

황학수
서로군정서 참모장 겸 군무위원장을 지냈다.

끝난 뒤 만주로 찾아
왔다. 이상룡은 황학수
를 데리고 독립군 양성
을 위해 액목현의 황지
강자黃地崗子로 들어갔
다. 그리고 군사 전문가
인 황학수를 맞은 이상
룡은 서로군정서의 진
용을 새롭게 정비하였
다. 그때가 1922년 여름
무렵이었다.

우선 위원장에는 서간도 사정과 서로군정서의 실정에 익숙
한 이탁을 선임하고, 그 아래 경리위원장에 이진산, 학무위원
장에 이봉희, 법무위원장에 김동삼, 참모장 겸 군무위원장에
황학수, 그리고 군무를 총괄할 총사령관은 박용만이 맡도록
하였다. 독판의 직책을 가진 이상룡은 부독판 여준과 함께
한인사회를 이끌어가면서 서로군정서의 군무를 총괄하였다.

박용만을 총사령관에 임명한 것은 특이한 사례로, 그의 상
무적 기질을 높이 샀기 때문이다. 그는 일찍이 미국에 건너가
네브라스카에 있는 헤이스팅스대학에서 군사학을 전공한 뒤

한인소년병학교Military School for Korean Youth를 만들어 한인 청소년을 모아 군사훈련을 시키고, 하와이에서는 대조선국민군단을 만들어 사관을 양성한 경험을 가진 유능한 군사전문가였다. 북경군사통일회의를 주관한 인물이기도 하였다. 여러 가지 이유와 사정으로 직접 서간도에 오지는 못하였지만, 박용만을 서로군정서의 총사령관으로 선임한 것은 중요한 의미를 갖는다. 곧 이상룡은 독자적인 개편작업을 통해 서로군정서의 혁신을 도모하는 한편, 북경을 무대로 활동하던 박용만 중심의 무장파 세력과 연대를 모색하고 있었던 것이다.

한편 부독판 여준은 액목현의 황지강자에 자리를 잡고 이주 한인을 모아 한인촌락을 만들고 검성

북경군사통일회의 주역 박용만

이상룡의 손자 이병화(위)와
손부 허은(아래)

중학원儉城中學院이라는 민족학교를
세워 운영하였다. 학교의 운영은 병농
일치의 방식으로 농사와 군사훈련을
겸하였다. 농한기 다섯 달 동안은 학
생들에게 군사훈련을 실시하였다. 이
상룡도 1922년 초겨울 이곳에 와 독
립군을 양성하면서 1923년까지 이탁.
황학수 등과 함께 머물렀다.

이상룡이 황지강자에 머물며 검성
중학원의 학무에 종사하는 동안 손자
이병화李炳華, 1906~1952가 혼인을 하
였다. 이병화는 이상룡의 외아들인 준
형의 외아들이었다. 그러므로 이상룡
에게는 말할 수 없이 귀한 손자였다.
그렇지만 그는 가족이 머물던 화전현
에서 이루어진 손자의 결혼식에는 함
께할 수가 없었다. 손부孫婦 허은許
銀, 1907~1997은 1908년 1월 십삼도창
의군의 서울진공작전을 선두 지휘한
왕산旺山 허위許蔿의 종형인 범산凡山

허형許衡의 손녀였으니, 독립운동계의 혁혁한 최고 명문가의 혈손이었다. 생전에 허은도 "2천 8백 리 길을 거쳐 시집을 오니 조부님은 액목현 검성중학교에 가시고 집에 계시지 않았다."고 당시 상황을 술회하였다.

남만주 군사통일운동

통합과 통일은 독립운동 역사에서 시종일관 최고의 화두였다. 다양한 세력과 인물, 노선을 하나로 모아 민력을 극대화해야만 독립운동을 가장 효율적으로 펼칠 수 있었던 것이다. 독립운동사를 관통하는 키워드가 될 만큼 통합과 통일이 중요하고도 절박한 과제였던 셈이다. 독립운동을 선도, 지도하던 저명한 인물 거의 대부분이 그 성향을 떠나 이 과제에 집착한 것이 그 시대의 경향성을 단적으로 보여준다고 할 수 있다. 역설적으로, 독립운동을 분쇄하는 데 전력을 기울이던 일제는 이런 점을 간파하고 독립운동 진영의 분열과 파쟁 조성에 혈안이 되었던 것은 지극히 당연한 현상이었다.

이상룡을 비롯하여 남만주에서 무장투쟁을 주창하며 독립운동을 벌이던 많은 인물들은 독립운동 세력, 단체 통합을 위해 다양한 노력을 기울였다. 1920년 간도 침공 이후 독립운

統義府의 新幹部

총당김동삼이하십삼명당선

시간도에잇는 여덟단톄가 련합
하야 동의부(統義府)를 조직하고
묘돈사무를 착々진행중이라 함
은일의세상이다 아는바이 오국경
방면에서 계속하야 이러나는충
돌도 통의부의군인이 벼々로슴
겨하는가닭이라는데 지금 그자
세한바내용을 보도하면 지난〇〇
〇〇일에 〇〇에서여덜단톄가
표칭십일명이 모히어 회의를하
엿다는데 이번에피선된 직원은
다음과갓다더라 (길림)

▲總長金東三 ▲副總長蔡相悳 ▲
民事部長李雄 ▲財務部長李炳基 ▲
交涉部長 ▲海 〇〇金承萬 ▲
法務部長立正卿 ▲學務
部長尹〇申 ▲交通部長吳東振 ▲
實業部長邊昌根 ▲軍事部長梁〇
烈 ▲警務部長李天民 ▲司令長金〇

〈統義府의 新幹部-총당김동삼이하십삼명당선〉
통의부의 총장에 김동삼이 당선된 사실을 보도한 기사.
동아일보 1923년 1월 21일자.

동 전선이 거의 와해되다시피 한 어려운 현실에서 각지에 분산 고립되어 활동하던 여러 단체를 모아 하나의 통일 단체를 수립해야 할 당위성이 절급하게 대두되고 있었다.

　남만주지역 독립군단의 통합체로 1922년 8월 대한통의부

대한통의부 군사훈련 모습(1922)

大韓統義府, 이하 통의부가 탄생하였다. 서로군정서를 비롯하여 남만주에서 활동하던 8개 독립군단 대표 60여 명이 환인현 마권자馬卷子에 모여 남만한족통일회의를 개최하고 통의부를 결성한 것이다. 이 무렵 이상룡은 여준과 함께 앞서 언급했듯이 액목현에서 검성중학원을 운영하고 있었다. 통의부에는 그의 지도 아래 있는 서로군정서 인물 상당수가 가담하고 있었다. 하지만 어렵게 출범한 통의부는 왕정복고파와 공화파가 서로 대립하여 갈등과 분열을 야기하게 되면서 혼란에 빠

져들었다.

이와 같은 난국을 타개하기 위해 1923년 11월 화전회의樺
甸會議가 개최되었다. 이상룡을 비롯하여 여준, 양규열, 왕삼
덕, 김동삼, 손정도, 이진산, 김창환 등 남만주 독립운동계의
지도자들이 한자리에 모여 향후 방략과 계획에 대해 10여 일
동안 집중 토의하였다. 그 결과 다음 사항을 결의하고 남만
주 독립운동에 통일을 기하였다.

첫째, 서간도의 군정서를 폐지하고 새로운 군정서를 조직
　　　하여 그 아래에 자치회를 두고 한인을 통치한다.
둘째, 군정서의 독판은 이상룡, 부독판은 여준, 정무청장
　　　은 이탁으로 선임하고, 내무, 재무, 법무, 군무, 학무
　　　등의 사장司長을 둔다. 액목, 화전, 반석, 흥경 등의
　　　현에는 지회를 두고, 새로운 군정서에는 통의부도 참
　　　가를 권유한다.

이상룡이 주재한 화전회의는 그럼에도 불구하고 군사 우선
을 주장하는 급진파와 민력 양성을 우선하는 점진파의 대립
등으로 이후 큰 결실을 보지 못하고 말았다. 또 통의부와 여
기서 분리된 의군부義軍府 두 단체가 모두 환인현에 본부를

참의부 대원들

둔 채 대립과 마찰을 보이면서 혼돈을 가져왔다. 여기에다 임
시정부를 적극 지지하는 채찬蔡燦, 일명 白狂雲 등에 의해 통
의부에서 이탈하여 임시정부의 직할부대로 참의부參議府, 곧
'대한민국임시정부육군주만참의부大韓民國臨時政府陸軍駐滿
參議府'가 탄생하기에 이르렀다.

통의부가 분열되면서 남만주 독립운동계가 난관에 봉착하
게 되자. 이상룡과 양기탁 등은 새로운 통합체를 만들기 위
해 세력 규합에 나섰다. 1924년 3월 양기탁은 이장녕, 지청천,
박관해, 손일민 등과 상의하여 사전 준비단계의 모임인 전만
통일회의주비회全滿統一會議籌備會를 조직하였다. 북만주 밀

산을 거쳐 연해주로 넘어갔던 지청천은 독립운동사상 최대의 참사인 자유시참변과 옥고까지 겪은 뒤 이 무렵 이상룡이 있는 남만주로 돌아와 활동하고 있었다. 그 뒤 1924년 10월 11개 단체 대표가 참가한 가운데 전만통일회의가 개최되었다. 이때 의장으로는 통의부 대표인 김동삼이 선출되었고, 김형식은 중앙행정위원에 선임되었다. 이상룡의 조카 이광민(본명 이문형)은 서로군정서의 대표 자격으로 이 회의에 침석하였다.

전만통일회의의 결과 1924년 11월 24일 서로군정서와 통의부를 포함하는 8개 독립운동 단체가 통합하여 드디어 정의부正義府가 성립하였다. 하얼빈에서 액목을 거쳐 북간도까지 선을 그어 그 이남, 곧 남만주 전역을 관할지역으로 설정한 이 단체는 1920년 전반기 국내외 독립운동가들의 총의가 합일되어 성립한 한인기관이었다. 군정부의 성격을 가졌던 정의부는 비단 군정뿐만 아니라 민정을 아우르는 만주지역 한인사회의 최고기관이었다.

정의부를 이끈 중요 간부로는 중앙행정위원장 이탁을 비롯하여 민사위원장 현정경, 군사위원장 지청천, 법무위원장 이진산, 학무위원장 김용대, 재무위원장 김이대, 교통위원장 윤병용, 생계위원장 오동진 등이 있었다. 그리고 외무위원장 김동삼을 비롯하여 간정원幹政院 비서장 김원식金元植, 금계마을, 중앙심판원장 김응섭金應燮, 오미마을, 민사위원회민사부 서무과 주임위원 이광민 등이 안동 출신으로 이상룡과 직접 연계된 인물이었다.

정의부가 성립되자 이상룡이 그동안 이끌어 오던 서로군정서는 해산을 선언하고 정의부에 합류하였다. 서로군정서 정무원 이탁, 김원식, 이진산의 명의로 1924년 12월 31일 발표된 선포문에서는 그 사실을 다음과 같이 천명하였다.

본 군정서는 조국광복을 위하고 민족자유를 위해 불꽃처럼 일어나 조직된 이래 이에 6년이 되었으니 무수한 곤경을 연이어 당했지만 내외 동지들의 성충에 힘입어 활동을 지속하였다. 시세의 추이에 따라 본서의 범위는 일개 국부에 미칠 뿐이라는 사실을 자각하고, 크게 단결하여 통일이 이루어지기를 기약한다. 전만통일회의를 개최하여 본서 외 7개 단체의 기관과 민선 양방의 대표가 한자리에 모여 회합을 갖고 연서連署함으로써 각 단의 이름을 버리고 오직 우리 독립운동의 유일무이한 기관 정의부를 조직하고 헌법 전문을 새로이 준비하고 인재를 모으기로 하였다. 이에 본서는 명의를 버리기로 함에 따라 중앙의회 상임위원회의 결의를 거쳐 중앙의회를 해산하고 기관의 설치를 인계하여 무릇 우리 일반 인사는 전일 군정서에 공헌한 성충을 금일 정의부에 바치고 금일의 정의부는 전일의 군정서를 계속하여 조국의 광복과 민족의 자유를 도모한다.

위 선포문에서는 먼저 서로군정서가 성립 이래 6년 동안 겪어 온 고단한 시련과 이에 굴하지 않고 한결같이 조국광복사업에 매진해 온 의연한 역사를 언급하였다. 이어 남만주 전역에 걸친 통합단체로 출범하는 정의부로 흡수 통합하기 위해 서로군정서가 자발적으로 해산하게 된 주지를 천명하였다. 아울러 정의부의 장래 발전을 위해 함께 노력할 것을 호소하고 있다.

정의부가 조직을 갖추고 활동을 시작한 1925년 초에 이상룡은 67세의 노령에 접어들었다. 독립운동 현장에서 활동하기에는 부담스런 노구가 되었다. 이제 그는 최고 원로의 위치에서 단체와 인물들의 활동을 조언하고 자문하는 후원자 역할을 자임하였다. 이 시기 정의부 탄생에 큰 역할을 한 양기탁도 이상룡과 활동을 같이 하기 위해 어떠한 직책도 맡지 않고 자유로운 몸이 되어 한인들의 경제력 향상을 도모하기 위해 이상촌 건설에 매진하였다.

제 8 부

대한민국 임시정부의 국무령

상해 국민대표회의 대표 파견

1923년 1월 상해에서 국민대표회의가 열렸다. 1919년 3·1 운동에서 표출된 전 민족의 독립 염원을 안고 출범한 상해 대한민국 임시정부가 국내외 환경변화에 능동적으로 대처하지 못한 채 지도력을 급격히 상실하게 되면서 독립운동계는 점차 침체의 늪에 빠졌다. 이러한 현상을 타개하고 독립운동의 새로운 방략과 방향을 모색하기 위해 소집된 회의가 국민

宣言書

本國民代表會議는 二千萬民衆의 公意를 體한 國民의 大會合으로써 最高의 權威를 仗하야 國民의 完全한 統一을 鞏固케 하며 光復大業의 根本方針을 樹立코자 이에 宣言하노라

三一運動으로써 吾族의 精神의 統一은 이믜 旣히 表現되엿나니 이 正義人道의 自由決의 義旗를 들어 우리의 民族的 純一한 意思를 發表하엿으며 國際의 公正과 輿論을 喚起하야 族的純一한 意思를 發表하엿스며 正義人道의 自由決의 義旗를 들어 우리의 民族의 統一은 이믜

이에 우리는 구 태여 誰何를 怨望코자 아니라 오직 大業의 前途를 爲하야 國民全體의 大團束을 期圖코자 하노라

國民代表會議代表

紀元四千二百五十六年二月二十日

金澈	金光好	金元白	尹敬一	朴應七	李何蘇	徐丙浩	金宇希
金海	姜九禹	張鵬翼	李重浩	朴完	吳昌煥	元世勳	金鍾
白南奎	太龍瑞	朴健秉	鮮于爀	金俊淵	金常悳	孫貞道	
白南俊	柳振昊	申璹	李民昌	李濟河	鄭成昌	崔成羅	
金甲	鄧寅敎	裴洪吉	金重昌	鄭庚燮	徐保羅		
裴天澤	金晉植	楊承雨	姜逸	鄭尙基	金東三		
李致朝	李雲山	尹海	許東奎	金能山			
尹琦燮	韓光宇	申日憲	鄭彛九	姜受禧			
安基宝	尹哲淳	李漢浩	金昌順	崔鎭東			
張志浩	柳蓉長	李靑天	朴健	柳璉			
朴宗根	呂仁彬	黃郁	趙相燮	林炳德			
方漢相	金濟愛	崔秉旭	尹寶民	朴鳳瑞			
梁源	宋秉祚	金鄭夏	安昌浩	林炳德			
林源	禹鐸	梁礪	羅愚	張志日			
方遠成	鄭仁濟	王三德	金弘叙	李相晧			
徐丙浩	康景善	玄鼎健	金昌大	李輔信			
徐丙浩	朴春根	李鴻來	金貴勳	李愛			
鮮于釗	吳永善	安武	蔡君仙	朴熱燮			
金貞默	朴川雲	金仁全	趙侚愛	沈能俊			
	洪振宇	蔡英	李裕弼	朴愛			
	姜斌	鮮于沙	李松琴	金志日			

상해 국민대표회의 선언서

대표회의였다. 그런 만큼 이 회의에는 국내외 각지에서 지역과 단체, 기관을 대표하는 독립운동가 1백여 명이 참가하였다. 우리 민족의 장래와 진로를 결정짓는 중요한 회의였던 것이다. 이 회의에서 논의된 주요사항은 현 시국에 대한 문제,

서간도 독립운동의 지도자 김동삼

향후 독립운동의 대방침, 국호와 연호의 결정문제, 이승만의
위임통치 청원 취소문제 등과 독립운동의 제반 사항 의결 등
이었다.

이상룡은 1921년 북경군사통일회 참가 이래 상해 임시정부
와의 관계를 단념한 채 만주에 머물며 서로군정서를 이끌면
서 독립운동세력 통합에 심혈을 기울이고 있었다. 그러던 중
국민대표회의 소집 통보를 받고 이상룡은 서로군정서 대표로
김동삼과 배천택裴天澤, 이진산을 파견하였다. 그리고 한족회
대표로는 김형식이 참가하였다. 김동삼은 의장을 맡아 회의

〈金東三氏가 議長에 當選되다〉
김동삼의 의장 당선 보도기사. 《독립신문》 1923년 1월 31일자.

를 주재하였고, 배천택은 임시서기, 비서장, 군사분과위원으로 활동하였으며, 이진산은 헌법기초위원이 되었다. 김동삼을 비롯한 서로군정서 대표들의 이와 같은 활동은 각 단체 대표들 가운데서도 매우 두드러진 것이었다.

1월 3일 개시된 회의는 5월까지 장장 다섯 달을 끌었다. 일반적인 안건들을 다룬 3월 초까지는 회의가 비교적 원만하게 진행되는 듯했지만, 3월 5일 임시정부의 존폐와 관련된 문제가 제기되면서 대표들 사이에 의견차가 뚜렷이 나타나면서 대립하는 양상을 보였다. 임시정부를 해체하고 정부를 새로 만들어야 한다는 창조파의 주장과 임시정부를 그대로 유지하면서 실정에 맞게 개조해야 된다는 개조파의 주장이 팽팽하게 맞섰던 것이다. 평행선을 달리며 대립한 양측의 주장은 시간이 흘러도 타협과 양보가 없었다.

이상룡 계열의 서로군정서와 한족회 대표들은 안창호 등 서북파와 함께 임시정부의 개혁을 요구한 개조파의 핵심세력이었다. 그런 가운데서도 이들은 무장투쟁을 지향함으로써 안창호가 견지한 준비론과는 입장 차이가 선명하게 드러났다.

5월 들어서도 국민대표회의는 대립과 갈등으로 지루하게 공전을 계속하게 되자, 의장 김동삼을 비롯하여 배천택, 이진산, 김형식 등은 서로군정서와 한족회에서 보내온 대표 소환 통고서를 제출하고 사임한 채 만주로 돌아오고 말았다. "국민대표회의가 이미 5, 6개월에 걸쳐 분쟁을 극해 소기의 목적인 통일을 도외시하는 이상 상해에 체재할 필요가 없다."는 것이 그 이유였다. 이들이 대표 자격을 상실하게 되자, 윤해, 신숙, 오창환 등 창조파가 의장, 부의장 등 본회의 주요 직책을 장악하게 되면서 상황은 급변하였다. 창조파의 일방적인 주도에 반발하여 개조파 대표 57명이 집단적으로 회의를 탈퇴함으로써 국민대표회의는 사실상 결렬되고 말았던 것이다.

북경군사통일회에 이어 국민대표회의가 결렬됨으로써 이상룡을 비롯한 만주의 독립군 지도자들의 희망은 또다시 무산되었다. 상해 임시정부를 실질적인 독립운동 중추 지도기관으로 개조한 뒤 만주의 통합 독립군단을 그 산하에 두고 임시정부의 일관된 지도에 따라 무장투쟁을 효율적으로 전개하려던 것이 그들이 가졌던 이상이요 희망이었다. 그 뒤 이상룡이 상해로 내려와 임시정부의 국무령에 취임한 것도 이와 맥락을 같이한다.

대한민국 임시정부 국무령

서로군정서는 앞서 보았듯이 1921년 액목현 회의 뒤 그동안 관계를 지속해 온 상해 임시정부 탈퇴를 공식적으로 선언하였다. 이후 서간도의 독립군 지도자들은 임시정부에 관심을 두지 않고 독자적인 활동을 벌여 나갔다. 그러다가 통의부의 간부 채찬과 김원상이 상해로 가서 임시정부 인사들과 접촉하고 통의부를 이탈하여 임시정부 직할부대로 참의부를 만들자. 이를 계기로 서간도 인사들은 임시정부를 적극적으로 부정하는 입장을 취하게 되었다. 임시정부가 만주지역 독립군의 통합을 도우는 것이 아니라 오히려 방해한다는 것이 그 이유였다. 이와 같이 임시정부를 반대하고 부정하는 분위기는 정의부 시기에 들어와서도 마찬가지였다. 정의부의 공식 문서에서 대한민국 연호를 쓰지 않고 단군 기원을 연호로 사용한 것도 이런 이유 때문이었다.

상해 임시정부는 만주 독립운동계와 이처럼 불편한 관계를 해소하고자 1925년 5월 내무총장 이유필李裕弼과 법무총장 오영선吳永善을 만주로 파견하였다. 이 시기 임시정부는 국민대표회의가 공전하는 상황에서 정부로서의 역할을 제대로 수행하지 못한 채 침체된 상태에 있었다. 임시정부 대표들이 만주로 파견된 것은, 당시 임시정부 지도자들이 만주 독립운동계와 접촉하여 이들을 임시정부에 다시 참여시킴으로써 침체상황을 극복할 수 있는 계기가 될 것으로 믿었기 때문이다.

임시정부 대표들은 북만주에서 활동하던 김좌진. 김혁金赫. 나중소羅仲昭 등이 중심이 되어 편성한 통합 군정부인 신민부新民府와 먼저 접촉한 뒤 정의부正義府를 찾아와 관련 인물들과 교섭하였다. 정의부와 접촉한 대표들은, 임시정부의 최고 책임자는 정의부 측에서 추천한 인물을 임명하고, 또 각료의 반수 이상은 정의부 인물들로 임명한다는 조건을 제시

이상룡의 조카 이광민

하였다. 정의부 인사들은 임시정부 대표들의 이러한 제안을 수락하였고, 그 결과 만장일치 추천으로 이상룡이 상해로 가서 임시정부의 최고책임을 맡기로 한 것이다.

이상룡은 조카 이광민과 함께 1925년 8월 하순 남만주 반석현을 출발하여 천진으로 내려온 뒤 청나라 함선 애인호愛仁號를 타고 9월 17일 상해에 도착하였다. 상해로 가는 배 위에서 읊은 아래 시를 보면 당시 그가 지녔던 이상과 포부를 짐작할 수 있다.

사람과 화물 가득히 싣고	滿滿人千貨萬輸
고래처럼 바다를 달리는 배	船如鯨走海無洲
천진 떠나 사흘이면 상해라네	曉發天津三日漚
평생에 장한 절승 이번 길이 으뜸이라	平生壯絕冠玆遊

〈國務領選舉〉
이상룡의 국무령 취임 및 조각 보도기사. 《독립신문》 1925년 10월 21일자.

마지막 구절의 '평생에 장한 절승'은 국무령에 천거되어 상해로 가는 그가 품은 비장한 각오와 포부를 보여 준다. 조국의 광복을 위해 헌신할 수 있는 마지막 기회라는 점을 감지했을 듯하다. 당시 그의 나이는 68세의 노령이었다.

이상룡이 상해에 도착하자 이동녕을 비롯하여 이시영, 노백린, 조상섭, 김구 등 임시정부를 이끌던 인사들이 그를 반갑게 맞이하였다. 9월 22일에는 50여 명이 모인 청년동맹회의에 참석하여 환영을 받았다.

이상룡은 9월 23일 삼일당三一堂에서 열린 취임식에서 초대 국무령에 올랐다. 국무령제는 임시정부가 대통령제의 폐단을 보완하기 위해 국민대표회의가 개최되던 와중인 1925년 4월에 임시의정원에서 헌법을 개정하여 만든 제도였다. 3년

상해 대한민국 임시정부 청사

임기의 국무령은 임시정부를 책임지고 이끌어 가는 최고 수반이었다. 한말 의병 참여 이후 30년 넘게 독립운동에 일로매진一路邁進한 그에게 마지막으로 주어진 막중한 자리였던 것이다.

취임 후 이상룡은 10월 10일과 12일 양일 동안에 국무원

國務員을 임명하여 내각을 구성하였다. 이탁과 김동삼, 오동진, 이유필, 윤세용, 현천묵, 윤병용, 김좌진, 조성환 등 9명이었다. 이들 가운데 이유필을 제외한 나머지 8명이 만주에서 활동하던 인사들이었다. 이탁과 김동삼, 오동진, 윤병용은 정의부, 현천묵과 김좌진, 조성환은 신민부, 윤세용은 참의부 인물이었다. 결국 이상룡은 정의부, 신민부, 참의부 등 만주의 삼부 인사들을 망라하였을 뿐만 아니라, 독립운동계의 고질인 지방색을 감안하여 평안도와 함경도는 물론 기호와 영남 출신까지 고루 기용하였다. 또한 만주에서 무장투쟁을 주도하던 인물들 위주로 인선함으로써 임시정부를 군사 위주의 최고기관으로 만들려고 했던 사실을 알 수 있다.

하지만 국무원에 피선된 인물들이 상해로 오지 않고 취임을 거부함으로써 현실적으로 조각이 불가능해지고 말았다. 국정을 총괄하고 책임져야 하는 국무령으로서 이상룡은 매우 어려운 상황에 봉착한 것이다. 여기에는 여러 가지 이유와 원인이 있겠지만, 정의부 내의 복잡한 사정과 이로 말미암은 갈등이 가장 크게 작용하였다.

앞서 보았듯이, 정의부 중앙행정위원회는 임시정부에서 파견된 오영선과 이유필 두 사람이 만주에 왔을 때 신민부의 대표들까지 불러 한국혁명은 임시정부를 우선하여 추진하고,

임시정부의 일부 기관을 점진적으로 만주로 옮길 것 등 4개 항을 합의하고, 이면으로 임시정부의 최고 책임자를 정의부에서 천거한 인물로 추대하자는 사항을 제시한 바 있다. 중앙행정위원회는 이러한 제안을 수락한 결과 추천된 이상룡이 상해로 내려가 국무령에 취임하였던 것이다.

그런데 정의부 중앙행정위원회에서는 이상룡을 국무령에 추천하는 건에 대해서는 중앙의회에 안건으로 상정하지 않고 4개 항의 합의안만 의결 안건으로 보냈다. 이에 중앙의회는 임시정부의 각료제를 위원제로 바꾸고 정부 소재지를 국경 방면으로 이전할 것 등을 단서조항으로 제시하고 조건부로 통과시켰다. 결국 이상룡이 상해로 내려가 국무령에 취임한 것은 정의부의 의결권을 가진 중앙의회의 심의를 거치지 않고 이를 배제한 채 임시정부와 정의부 중앙행정위원회 양자의 합의로만 추진됨으로써 절차상 문제를 일으키게 되었다.

이상룡은 이러한 문제가 야기되고 난 뒤 그 복잡하고 난처한 심경을 아래와 같이 회고하였다.

함께 미몽에서 깨어나지 못해 일찍이 누구는 옳다고 누구는 그르다고 하였다. 부끄러운 허명이 스스로 겹치어 드디어 계획을 결정하고 옷을 추켜 입었다. 사람들이 혹 그

가벼이 움직임을 말하였으나, 나는 무릇 기미幾微를 실제로 살펴보고자 하였다.

당시 만주의 독립운동가들은 독립전쟁 결행과 군사기관의 만주 이전 문제를 끊임없이 제기하면서 상해 임시정부를 압박하였으나, 임시정부의 처지에서는 이 문제를 수용하거나 타협할 여지가 거의 없었다. 이처럼 혼란스러운 상황을 고려할 때, 이상룡은 정의부 중앙행정위원회의 결정에 따라 임시정부의 국무령에 취임하여 새로운 내각을 구성하고 만주의 독립운동가들이 다수 입각하여 스스로의 힘으로 독립운동 방략을 관철시켜 나갈 조건을 만드는 것이 더 현실적이고 효과적인 방법이라고 판단했던 것이다.

하지만 정의부 중앙의회의 생각은 이상룡의 견해와 많이 달랐다. 중앙의회는 상해 임시정부가 머지않아 만주로 소재지를 옮긴 다음 여러 독립군 세력을 통합하여 독립전쟁을 결행하겠다는 목표를 설정하고 있었던 것이다. 이런 상황에서 이상룡이 국무령을 맡게 됨으로써 임시정부가 만주로 이전할 가능성은 희박해졌고, 오히려 정의부의 유능한 인물들이 상해로 빠져나가 세력 약화를 초래하게 될 것이라고 우려하였다. 그 결과 중앙의회는 중앙행정위원회를 불신임하기로 결의하였고. 이에 맞서 중앙행정위원회는 중앙의회를 해산하였다. 결국은 이상룡의 국무령 취임은 정의부 내의 갈등과 균열의 단초를 제공함으로써 물의를 일으키게 된 것이다.

이러한 정의부 내부 문제와 더불어 국무령에 취임한 이상룡의 입지를 어렵게 만든 또 다른 요인은 임시정부 내부에서 벌어진 옹호파와 개조파 사이의 갈등이었다. 1924년 12월 임시의정원에서 박은식을 임시대통령으로 선출하고. 이어 이듬해 3월에는 위임통치안 청원문제 등으로 그동안 큰 물의를 일으켜 온 이승만 임시대통령을 탄핵했다. 임시정부가 이처럼 격변을 치루는 가운데 이승만을 지지하는 기호파와 탄핵에 앞장섰던 서북파 사이에 대립이 노골화되어 갔다. 임시정부 내의 이러한 파벌 대립은. 헌법을 바꾸어 대통령제를 국무령제로 고치고 이상룡이 국무령에 취임함으로써 더욱 증폭되었다.

이 와중에 1925년 12월에는 상해에서 여운형呂運亨이 구타당한 사건까지 발생하여 상해 임시정부의 정국을 더욱 어렵게 만들었다. 여운형을 구타한 사람은 박희곤朴熙坤이라는 인물이었다. 사건의 발단은 6개월 전으로 거슬러 올라가 그해 7월에 여운형이 상해에 있는 아주민족협회라는 단체에서 주최한 좌담회에 참석한 일이 있었는데. 그 자리에 일본인이 동석

했다는 데서 비롯되었다. 곧 여운형이 일본인과 함께 시국문제를 토론한 것을 친일적 행위로 간주하고 이를 문제 삼아 구타하였던 것이다.

하지만 박희곤이 여운형을 구타한 본질적 이유는 다른 데 있었다. 박희곤은 상해 한인사회의 치안을 위해 조직된 정위단正衛團의 단원이자 임시정부 직할 독립군단인 참의부의 교육위원이었다. 그러므로 박희곤은 임시정부 두 특파원 오영선과 이유필이 만주에 갔을 때 참의부를 배제한 채 정의부와 신민부 인사들만 접촉한 데 불만을 가졌다. 더욱이 정의부의 이상룡이 국무령에 추대되어 취임하고, 그가 인선한 국무원에 신민부와 정의부의 인사가 3, 4명인데 견주어 참의부 인물은 윤세용尹世茸 한 명뿐이었다. 박희곤은 여기에 불만을 품고 이러한 처사와 관련이 깊다고 본 여운형을 구타하게 된 것이다. 결국 이 사건은 그동안 서간도에서 복잡하게 전개된 독립군 단체의 통일문제, 그리고 임시정부 진로문제를 둘러싼 개조파와 정부 옹호파의 대립 등이 복잡하게 얽혀 일어났음을 짐작할 수 있다.

자신의 국무령 취임과 조각을 둘러싸고 이처럼 물의가 일어나고 정국이 복잡하게 얽히게 되자, 이상룡은 즉시 국무령을 사임하고 조카 이광민을 데리고 1926년 2월 가족이 있던

반석현 호란하 입구
이상룡이 국무령 사임 후 돌아간 곳이다.

남만주 반석현의 호란하呼蘭河로 돌아갔다. 이와 같은 사태가
일어난 데 대해 책임을 자임함과 동시에 3·1운동으로 수립된
임시정부에 대해 처음부터 줄곧 품어 왔던 희망과 미련을 더
이상 가질 수 없는 단계에 이르렀다고 판단한 것이다. 그의

나이 69세 때의 일이다.

이후 이상룡은 독립운동의 일선에서 한 발짝 물러났다. 워낙 고령이었고, 사정과 본의 여부를 떠나 정의부 내의 분규를 야기했을 뿐만 아니라 임시정부의 국무령에 취임하여 별다른 성과를 거두지 못한 점도 이후 그의 처신을 제약하는 한 원인으로 작용하였던 것 같다. 하지만 이와 같은 시련과 고통을 겪으면서도 독립을 향한 뜨거운 그의 열정은 조금도 식지 않았다. 상해에서 반석으로 돌아온 뒤 지은 아래의 시구는 그러한 생각의 일단을 잘 보여 준다.

한가한 나그네 찾아오니	彼閑客之過訪
오면 막지 않고 가면 잡지 않네	來不揮而去不留
오로지 광복의 대사업	惟光復之大事
내 어찌 잊으리오	我豈敢乎忘之
민중이 자각하는 때	然民衆之自覺
광복의 운이 이르는 시기라	迺運到之時期
부끄러운 뜻을 씻고자 물을 대고	湔羞志而灌漑
나쁜 생각 없애고자 김을 매노라	鋤惡思而耘耔
관 뚜껑 덮어야 사나이 일 끝난다고	男兒蓋棺事乃定
옛 시를 듣지 못했는가	獨不聞諸古詩

아아!   於戱

단군 이래 오천년 역사   檀聖以來五千年之歷史

영원히 이어 가리라   其不永絶也無疑

임시정부 국무령 석주 이상룡

제 9 부

역사에 남긴 얼

만 리 고혼孤魂

1920년대 중반 만주 한인사회는 경신참변의 수난을 극복하고 독립군 단체를 정비하여 정의부, 참의부, 신민부 등 3부를 탄생시켜 독립운동세력을 다시 규합하여 무장투쟁을 재개하였다. 만주 독립군세력이 전열을 정비하고 무장력을 강화하게 되자, 일제는 다시 한인 독립운동을 대대적으로 탄압하기 위해 중국 당국과 1925년 6월 이른바 삼시협정三矢協定을 맺었다. 조선총독부 경무국장 미쓰야三矢宮松와 봉천성 경무국장 우진于珍 사이에 체결된 이 협정은 일본이 상급기관이 되고 중국이 하급기관이 되어 임무를 수행해야만 하는 명령 하달문 같은 것이었다. 즉 중국의 군경이 독립운동가들을 체포하여 일제 측에 넘긴다는 내용이 이 협정의 핵심이었다. 이상룡은 만주 한인사회의 지도자들이 이로 말미암아 입은 극심한 피해상황을 직접 목격하였고, 그 자신도 이러한 탄압으로부터 자유로울 수 없었다. 이역에서 겪게 되는 만년의 고단한 삶은 시간이 지날수록 더 고통스러웠다.

이상룡은 1928년 호란하를 떠나 서집창西集廠의 파려하玻璪河 하구로 이주하였다. 이에 앞서 정의부 의용군 사령관으로 있던 오동진이 1927년 12월 장춘長春에서 피체되었다는 소식을 들었다. 1920년 광복군총영을 이끌었던 그는 통의부 이후부터 중요한 역할을 맡으며 이상룡을 도와 온 유위한 인물이었다. 오동진의 수난 비보는 이상룡에게 큰 충격을 주었다. 파려하로 이주하던 무렵에 이상룡을 곁에서 수종隨從하고 있던 손자 이병화는 남만청년총동맹南滿靑年總同盟의 중앙집행위원에 임명되었고, 조카 이광민은 김응섭과 함께 한족노동당韓族勞動黨의 중앙위원으로 활동하고 있었다. 이광민의 아우 이광국李光國도 남만청년총동맹의 상무집행위원

으로 있었다. 한족노동당이나 남만청년총동맹 등은 사회주의
계열의 단체였고, 이상룡이 이들의 활동을 지도한 것으로 짐
작된다. 이상룡은 말년의 저작으로 짐작되는 〈광의廣義〉라는
글에서 사회주의에 대한 자신의 식견을 정리하였다.

얼마 뒤 이상룡은 다시 거처를 옮겨 길림 북쪽의 세린하細
鱗河, 현 길림성 서란시내에 잠시 머물다가 1929년에는 최후의
안착지가 된 서란舒蘭의 소과전자燒鍋甸子, 현 길림성 서란시 소
과전자촌로 옮겨 갔다. 이
무렵 일제는 만주침공 야
욕을 노골화하여 1928년
만주군벌 장작림張作霖을
폭사시켜 제거하고, 1931
년에는 만주사변을 일으
켜 만주 전역을 침공하였
다. 그 결과 1932년 3월
일제는 결국 청나라의 마
지막 황제 부의溥儀를 꼭
두각시로 내세우고 괴뢰
국인 만주국을 세워 만주
전역을 장악하게 된다.

서란시 소과전자촌 표지석

이상룡이 최후를 맞이한 소과전자촌

　일제의 만주 침공이 노골화되어 감에 따라 한인의 독립운
동도 심대한 타격을 입었다. 이처럼 급변한 조건과 환경에 따
라 한인의 독립운동은 방략상 대전환이 요구되었고, 이후 새
로운 단계로 접어들었다. 한·중 공동의 항일연합전선 구축이
그것이다.

　이처럼 고단한 형세를 맞게 되자, 이상룡은 근심과 시름
끝에 병석에 눕게 되었다. 1931년 10월에는 김동삼이 하얼빈
에서 피체되었다는 비보가 날아들었다. 고향 안동에서 구국
계몽운동을 벌이고 협동학교를 설립하여 신교육을 실시하던

시절부터 망명 이후에도 끝까지 이상룡을 따라 활동한 혈육 같은 인물이었다. 그의 피체 소식에 이상룡은 더욱 비통에 잠겨 병세는 더 위중해졌다.

이상룡의 큰 동생 이상동

이상룡이 병석에 눕자 아우 이상동이 만리 길을 달려왔다. 막냇동생 이계동(이봉희)도 아성阿城에서 위험을 무릅쓰고 왔다. 이진산李震山도 와서 문안하였다. 임종을 앞둔 이상룡은 다음과 같은 유촉遺囑을 남겼다.

변변치 못한 내가 외람되게 여러분의 추천을 받아 조그마한 공로도 없었는데 병이 이미 이에 이르렀다. 끝내 눈을 감지 못하는 귀신이 될까 두려워 참으로 마음이 아프구나. 원컨대, 여러분은 외세로 인해 기운을 잃지 말고 더욱 힘써서 나의 마지막 바람을 저버리지 말게. 사람이 귀히 여기는 것은 성실뿐이네. 진실로 참된 성실이 있으면, 목적을 이루지 못함을 어찌 근심하겠는가.

일제의 강포한 무력에 위축되지 말고, 독립운동에 성실하게 매진할 것을 당부한 것이다. 죽음에 임한 이상룡의 유일한 소망이 독립이었음을 알려 주는 유촉이다.

아들 이준형에게는 사후에 장례를 간소하게 치를 것을 유언으로 남겼다.

장례는 사람으로서 의당 극진히 해야 하지만, 가난이 심하면 예를 치를 수 없는 것이다. 모름지기 절차는 다 생략하고 그 정결을 다하면 족하다. 내가 평소 중국식 의복을 입은 것은 중국에 동정을 얻기 위해서였지 좋아서 한 것은 아니다. 심의深衣는 옛 법복이지만, 현재로서는 국제國制를 따르는 것이 더 좋겠다. 모름지기 현재 보통 입는 주의周衣를 웃옷으로 삼도록 하라.

자손들이 자신의 장례로 말미암아 받게 될 경제적 고통을 염려하여 장례 절차를 지극히 간소화할 것을 유언으로 남긴 것이다. 또 이상룡은 망명 후 중국과의 관계를 고려하여 중국식 의복을 입었던 불편한 심기를 토로하고, 자손들에게는 우리의 고유한 한복을 입도록 유명遺命하였다. 그리고 그는

나라를 회복하기 전에는 내 유골을 고국에 싣고 가지 말라. 우선 이곳에 묻어 두고 기다려라.

는 말을 끝으로 눈을 감았다. 1932년 5월 12일, 향년 75세를 일기로 타계한 것이다.

이상룡의 작고 소식은 국내 신문에도 비교적 자세히 보도되었다. 《조선일보》 1932년 6월 27일자에는 〈이상룡씨 장서長逝〉라는 제하에 그의 죽음을 애도하면서 평생 독립운동에 투신한 약력을 소개하는 기사가 실렸다.

(전략) 백여 칸이나 되는 고래등 같은 집도 헌신짝같이 집어 버리고 온 가족을 이끌고 고국의 산천과 친구를 눈물로 이별하며 산수 다른 만주 벌판으로 이주하여 근 삼십 년 동안 ○○운동에 전력을 다하던 석주 이상룡씨는 칠십 당년에 고토를 다시 밟아보지 못하고 지나간 15일 밤에 시베리아의 바람이 아직까지 쌀쌀한 길림성 서란현 객창에

지금으로부터이심팔년전을꺼가는 한국정부를 교정코저하다가 칠조약이 체결된후 만주로건너 가서 한족회 (韓族會)를조직하야 막대한재산을 허비하고 서로군정서총재 (西路軍政 ... 서 쓰라린세상을 하직하였다는데 ...

〈李相龍氏長逝—지난 십오일 길림에서〉
《조선일보》 1932년 6월 27일자.

서 쓰라린 세상을 하직하였다는데 그는 일찍이 대한협회
간부로 있어서 쓰러져가는 한국 정부를 교정코자 노력하
다가 칠조약이 체결된 후 만주로 건너가서 한족회를 조직
하여 막대한 재산을 허비하고 서로군정서 총재를 지낸 후
기미운동 이후에 상해 ○○○○가 개조되자 제일차 국무
령으로 추대되었었고 그 외에도 만주에 있는 대소 ○○운
동에는 모두 참가하여 이십여 년 노력과 활동으로 종시일

관하였으며 가족으로는 장손 이병화 군이 있고 장질 이광민씨는 만주에서 농민운동에 활동 중이요 차질 이광국은 목하 모사건으로 신의주형무소에서 복역 중이라 한다.

위 기사는 망명 시기를 국치 이전으로 잘못 기술한 외에는 대한협회, 한족회, 서로군정서, 그리고 임시정부 국무령까지 평생 독립운동에 헌신한 이상룡의 이력을 바르게 소개하고 있다.

이상룡의 유언대로 그의 자손들은 유해를 국내로 반장하지 않고 서란舒蘭의 살던 집 뒷산에 장사를 지냈다. 그 뒤 1938년에 조카 이광민이 하얼빈의 동취원창東聚源昶에 있으면서 묘역을 사서 그의 유해를 그곳으로 이장하고 표석을 세웠다. 이승화李承和, 이상동의 무덤과 함께 한 줄로 세워 3기의 묘역을 다듬어 모신 것이다.

해방 후 오랜 세월이 흐른 뒤 중국과 국교가 수립되기 2년 전인 1990년에 유해를 국내로 모셔와 대전 국립묘지에 이장하였고, 1996년에는 서울 동작구 국립서울현충원 임시정부요인묘역으로 다시 옮겨 안장하였다.

하얼빈 취원창의 이상룡 묘터

서울 현충원의 묘

얼과 혼의 계승자들

임청각의 종손 이상룡이 독립운동에 투신하자, 형제자질 모두 예외 없이 고난과 형극의 길을 뒤따랐다. 대가족 집단으로 독립운동에 종사하게 되면서, 이상룡을 정점으로 한 임청각의 가족 성원들이 겪었던 희생과 고통, 아픔은 곧 일제에 의한 민족 수난기에 암흑세상을 타개하는 희망의 한 줄기 밝은 빛으로 승화되었다. 한 시대를 선도한 이상룡의 삶의 가치가 오늘 더욱 빛을 발하면서 새로운 의미로 다가오는 것은 결코 우연이 아니다. 그 얼과 혼을 계승하고 확장한 임청각의 성원들의 약력을 약기하면 아래와 같다.

─ 부인 김우락

석주 이상룡의 부인 김우락은 앞에서 언급하였듯이 안동 내앞 마을의 의성김씨 종가에서 태어났다. 큰오빠는 이상룡과 함께 서간도로 망명한 김대락이며, 여동생은 3·1운동 후 유림계의 파리장서운동을 주도한 이중업李中業의 부인 김락金洛이다. 또 이중업은 퇴계 이황의 11대손으로 경술국치에 항거하여 단식 순국한 향산 이만도의 아들이었으므로, 김락은 이만도의 며느리이기도 하였다. 곧 김우락의 친정은 시댁과 더불어 독립운동의 중심을 관류하는 최고의 명문가였다.

김우락이 남편 이상룡을 따라 서간도 망명길에 올랐을 때는 57세가 되던 무렵이었다. 망명 뒤에는 서간도 독립운동계를 이끌어가던 지도자의 아내로서 고단하지만 의연하게 처신하였다. 어린 손자, 손녀를 잃고 1914년에는 오빠 김대락도 세상을 떠났다. 모진 시련과 고난 속에서도 끝까지 미래에 대한 낙관과 희망을 가졌다. 망명지의 애환과 고향에 대한 그리움, 나아가 조국에 대한 애정 등을 운문체로 노래한 장편의 한글 가사 〈간운사〉, 〈조손별서〉 등을 망명지에서 지었다. 1932년 남편 이상룡이 작고한 뒤 아들을 따라 며느리 이중숙, 손자 며느리 허은과 함께 병든 노구를 이끌고 귀국하였고, 이듬해 79세를 일기로 서거하였다.

— 동생 이상동·이봉희

큰 동생 이상동李相東, 1865~1951은 형 이상룡이 대가족을 이끌고 서간도로 망명할 때 가문과 임청각을 지키기 위해 안동에 잔류하였다. 그러므로 그는 형제들과는 달리 만주 등 해외에서 전개된 독립운동에는 참여하지 않았다. 대신에 그는 안동지역의 3·1운동을 선도한 지사였다. 1919년 3·1운동이 전국적으로 일어났을 때, 이상동은 3월 13일 안동장날을 이용하여 단신으로 만세운동을 전개하였던 것이다. 그의 단독시위는 안동과 인근지역의 만세시위운동 확산에 기폭제와 같은 역할을 하였다. 이 거사로 말미암아 그는 일경에 피체되어 6년형을 선고받고 옥고를 치렀다.

막냇동생 이봉희李鳳羲, 1968~1937는 이상룡이 대한협회 안동지회를 설립하여 구국계몽운동을 벌인 이래 남만주에서 최후를 마칠 때까지 형을 도와 시종일관 함께 활동한 지사였다. 서간도에서는 형 이상룡과 함께 경학사를 설립하는 데 주도적 역할을 하였고, 신흥무관학교 교장으로 독립군 양성에 주력하였다. 그는 형 이상룡이 열린 의식으로 사회주의를 수용한 데 영향을 받은 것으로 보이며, 이에 따라 1920년대 후반에는 사회주의운동에 적극 가담하여 만주 이주 한인사회주의자들을 중국공산당에 가입시키는 데 큰 역할을 하였다. 1937년 서거하자 이듬해에 그의 아들 이광민이 취원창에 묘역을 조성하여 서란에서 이장해 온 이상룡의 유해와 함께 묻었다가 해방 후 국내로 이장하였다.

— 아들 이준형, 며느리 이중숙

외아들 동구東邱 이준형李濬衡, 1875~1942은 아버지 이상룡을 따라 평생 독립운동의 외길을 걸었다. 부친이 대한협회 안동지회를 조직할 때에는 그 사무 책임을 맡아 참여하였다. 1911년 1월 가족과 함께 서간도로 망명한 뒤에는 경학사 설립에 힘썼으며, 부친의 명을 받고 군자금 모금을 위해 국내로 밀파되어 예천의 이규홍과 협력하여 군자금을 마련하였다. 1919년 3·1운동 후 부민단을 확대 발전시켜 한족회를 결성할 때 주도적으로 참여하였고, 또 서로군정서, 정의부를 설립할 때에도 부친을 도와 힘썼다. 1920년대에는 수용적 관점에서 사회주의를 이해한 이상룡의 영향 아래 친족들과 함께 공산주의운동을 전개하였다. 1923년 종제 이광민, 그리고 안동 오미 출신의 김응섭金應燮 등과 함께 한족노동당을 창립하고 간부로 활동했으며, 1928년에는 중국공산당 만주성위원회의 반석현磐石縣 책임자가 되었다.

1932년 이상룡이 서거하자, 노모를 비롯한 가족들을 데리고 환국하여 임청각으로 돌아왔다. 이후 일제 치하에서 삼엄한 감시 아래 문중을 거느리고 종가의 삶을 영위하는 일은 고통의 연속이었다. 태평양전쟁을 도발하면서 일제의 침략 광기가 기승을 부리게 되자, 이준형은 1942년 9월 끝내 자결 순국하고 말았다. 피가 묻은 채로 전해지는 그의 유서에는 "일제 치하에서 하루를 사는 것은 하루의 치욕을 더하게 될 뿐이다."라는 분노와 절규가 들어 있다.

이준형의 부인 이중숙李中淑, 1875~1944은 퇴계 이황의 후손인 진성이씨 이만유李晩由의 셋째 딸로 태어나 이준형과 혼인하여 임청각의 종부가 되었다. 1906년 32세에 외아들 이병화를 낳았다. 나라가 망하자 이듬해 1911년 1월 어린 자녀들을 데리고 시아버지 이상룡을 따라 서간도로 망명하였다. 풍토가 낯선 만주에서의 고단한 망명생활로 말미암아 병약해진 몸으로 갖은 고생을 겪었다. 며느리 허은은 회고록에서 시어머니 이중숙과 함께 일꾼들 밥을 해서 들판에 갖다 주러 가곤 했다고 회고하였다. 시아버지 이상룡이 서거한 뒤 남편을 따라 귀국하였으나 중풍으로 고생하다가 해방 전년에 작고하였다.

─조카 이형국·이운형·이광민·이광국

이형국李衡國, 1883~1931은 이상룡의 큰 동생 이상동의 큰아들이다. 백부 이상룡을 따라 1911년 서간도로 망명한 뒤 1913년 신흥강습소를 수료하였고 경학사를 결성할 때 여기에 참여하였다. 1914년 3월에는 군자금 모금을 위해 국내에 잠입하여 경기, 충청, 경상도 일대를 전전하며 동지들을 규합, 신흥사新興社라는 비밀결사를 만들어 활동하던 중 일경에 피체되었다. 1915년 9월 경성지방법원에서 7년형을 선고받고 옥고를 치렀다. 출옥 후 다시 만주로 건너간 그는 독립운동을 계속하여 1916년에는 부민단에, 그리고 1919년 3·1운동 뒤에는 한족회에 가담하여 항일투쟁을 이어갔다. 그 뒤 이형국은 이상룡을 대신하여 종손의 임무를 대행하기 위해 국내로 들어왔다. 이후 국내에서 신간회 안동지회에 참여하여 선전부 총무간사, 교육부장 등을 지냈다.

이형국의 아우 이운형李運衡, 1892~1972은 1907년 개교한 협동학교를 1기로 졸업한 뒤 1911년 1월 백부 이상룡을 따라 서간도로 망명하였다. 이후 김동삼, 지청천 등과 함께 항일투쟁을 전개하다가 3·1운동이 발발하기 직전인 1919년 2월 국내로 들어와 3월 1일 서울 탑골공원 만세시위에 참여하였다. 그 뒤 다시 만주로 건너가 서로군정서에 가담하여 활동하던 중 비밀특파원으로 국내에 밀파되었으나, 일경에 피체되어 서대문형무소에서 4개월 동안 옥고를 치렀다. 출옥 후에도 계속 독립운동에 종사하여 임시정부 요원 강태동과 접촉하고 독립문서를 대구 등지에 있는 동지들에게 전하다가 일경에 다시 피체되어 옥고를 치렀다.

이광민李光民, 1895~1945은 이상룡의 막냇동생 이봉희의 아들로 태어났다. 종형 이형국과 함께 안동의 협동학교를 졸업한 뒤 1911년 1월 백부를 따라 가족과 함께 서간도로 망명하였다. 이후 그는 백부 이상룡을 늘 지근에서 보필하면서 열성적으로 독립운동에 투신하였다. 삼원포 추가가에 들어선 신흥강습소를 졸업한 뒤 1916년에는 통화현에 있는 동화학교東華學校의 교사가 되어 학생들에게 민족교육을 실시하였다. 이상룡의 노선과 활동에 따라 그는 1924년 3월에는 서로군정서 대표로 전만통일회의주비회에 참여하였고, 그해 11월 정의부가 발족되었을 때는 김동삼, 김원식, 김응섭 등과 함께 간부에 선임되어 활동하였다. 이듬해에는 임시정부 국무령으로 추대된 백부 이상룡을 수종하여 상해에 가기도 하였다. 1926년에는 정의부에서 세력 확장을 위해 김세준, 김홍식 등과 함께 국내로 밀파되어 북한 각지를 전전하며 활동하였고, 만주로 귀환해서는 정의부 재무위원으로 선출되기도 하였다.

이광민은 또 사회주의를 받아들인 이상룡으로부터 큰 영향을 받았던 것으로 보인다. 그 결과 1920년대 중엽 이후에는 공산주의운동을 활발하게 펼쳤다. 1924년 3월 반석현에서 한족노동당이 창당될 때 당무집행위원으로 참여한 것을 시작으로 1926년 가을에는 조선공산당 남만총국 조직부 간부로 선출되기도 하였다. 이듬해에는 5월 1일부터 조선공산당 방침에 따라 휴간 중이던 기관지《농보農報》를 다시 발간하였으며, 9월에는 조선공산청년회 남만 제1구에서 선전부 간부로 임명되는 등 공산주의 활동을 이어갔다.

이광민의 아우 이광국李光國, 1903~1978은 9살 어린 나이에 망명하는 가족을 따라 서간도로 건너갔다. 이후 그는 이준형, 이광민 등을 따라 공산주의운동에 투신하여 중국공산당에 가입하였고. 길림지역에서 군자금 모집과 철도, 교량 등을 파괴하는 항일투쟁을 벌였다. 그로 말미암아 1932년 4월 반석현에서 피체되어 그해 6월 신의주지방법원에서 4년형을 선고받고 옥고를 치렀다.

— 손자 이병화, 손부 허은

손자 이병화李炳華는 6살 때 할아버지 이상룡, 아버지 이준형을 따라 만주로 망명하였다. 1921년 신흥무관학교에 재학 중 이광국, 김산金山 등과 함께 남만청년총동맹에 가입하였고, 이후 대한통의부에 가담하여 무장투쟁을 벌였다. 1927년에는 반석현 한족노동당 및 고려공산청년회 만주총국에서 간부를 지냈다. 1934년 5월 신의주경찰서에 피체되어 징역 7년형을 선고받고 옥고를 치렀다.

앞 장에서도 언급했듯이 이병화의 부인 허은은 저명한 의병장 왕산 허위의 집안에서 태어났다. 아버지는 허발許坡, 조부는 범산 허형이며, 이육사의 어머니 허길이 바로 허은의 고

모이다. 저명한 학자로 명성을 떨친 허훈許薰, 의병장 허위, 서간도 망명 독립운동가 허겸許蒹이 모두 그의 재종부에 해당된다. 1915년 8살의 어린 나이에 조부모, 백부모 등 가족들과 함께 재종조부 허겸의 인도 아래 만주로 이주하였다. 1922년 16세 때 이상룡의 손자 이병화와 혼인하였는데, 친정이 있는 영안현 철령하에서 화전현의 시댁까지 2천 8백 리 길을 따라 시집을 갔다. 독립운동가 집안으로 시집온 허은은 온갖 고초를 겪으면서 시어른들을 뒷바라지했다. 어려운 여건에서도 김동삼, 김형식을 비롯하여 서로군정서 대원들에게 손수 옷을 지어 제공하기도 하였다. 1932년 시조부 이상룡이 서거한 뒤 시조모 김우락을 모시고 시부모를 따라 환국하여 처음으로 임청각에 들어갔다.

이상에서 간략히 열거한 인물들 외에도 임청각과 관련된 많은 사람들이 독립운동에 종사하였다. 이상룡을 뒤따라 서간도로 망명한 당숙 이승화李承和, 1876~1937, 영해 도곡의 무안박씨 종손으로 항일의병 시절부터 서간도 망명 이후까지 이상룡과 활동을 함께 한 매형 박경종朴慶鍾 등이 그러한 경우에 해당한다.

이상에서 개략적으로 언급한 대로 임청각 사람들은 이상

룡으로부터 아들, 손자 대에 이르기까지 3대에 걸쳐 40여 년 동안 거의 전 성원이 독립운동에 집단으로 투신하였다. 거기에 수반되는 인적 희생과 경제적 손실은 오롯이 이들이 감내해야 할 몫이었다. 그럼에도 이들은 조금도 주저하지 않았다. 독립운동이 당시 우리 민족에게 주어진 지상과제임을 확실히 자각하고 있었기 때문이다. 나아가 이러한 자각이 이들로 하여금 장기지속적으로 독립운동에 종사할 수 있게 하였다. 임청각의 주인 이상룡은 곧 시대의 선각자였다.

임청각 출신 독립운동가

성명	생몰	자	호	주요 활동	포상	이상룡과의 관계
이상룡 李相龍	1858~ 1932	萬初	石洲	경학사, 부민단, 한족회, 서로군정서, 임시정부	독립장	
이상동 李相東	1865~ 1951	健初	晩眞	3·1운동	애족장	큰 동생
이봉희 李鳳羲	1868~ 1937	德初	尺西	경학사, 부민단, 한족회, 서로군정서	독립장	막냇동생
이준형 李濬衡	1875~ 1942	文極	東邱	경학사, 한족회, 서로군정서, 정의부	애국장	아들
이승화 李承和	1876~ 1937	汝中	淡翁	경학사, 신흥강습소, 서로군정서	애족장	당숙
이형국 李衡國	1883~ 1931	時尹	滄海	경학사, 군자금 모집	애족장	조카

성명	생몰	자	호	주요 활동	포상	이상룡과의 관계
이운형 李運衡	1892~1972	重若	白光	3·1운동, 서로군정서	애족장	조카
이광민 李光民	1895~1946	士翼	子華	신흥강습소, 서로군정서, 한족노동당, 정의부	독립장	조카
이병화 李炳華	1906~1952	敬天	小坡	통의부, 한족노동당, 고려공산청년회	독립장	손자
김우락 金宇洛	1854~1933	–	–	국외독립운동	애족장	부인
허은 許銀	1909~1997	–	–	국외독립운동	애족장	손부

유훈 계승과 공훈 선양

해방 후 이상룡의 공적을 기리는 공훈사업의 효시는 그가 독립유공자로 추서된 이듬해인 1963년 5월에 대구 달성공원에 '석주 이상룡 구국기념비'를 건립한 것이다. 그 뒤 1972년 임청각에 소장되어 있던 이상룡 관련 자료 1,309책이 고려대학교 도서관에 기증되어 '석주문고'가 설치되었고, 이를 계기로 이듬해에 자료집 《석주유고》가 최초로 간행되기에 이르렀다.

그 뒤 1992년에는 국가보훈처와 독립기념관이 공동으로 선정하는 '이달의 독립운동가'에 3월의 인물로 선정되었다. 이를 계기로 이상룡의 독립운동 공적을 기리는 학술강연회를 개최하였고, 또 이때 서거 60주년을 기념하여 석주이상룡기념사업회(2014년 국무령이상룡기념사업회로 개명)가 처음으로 결성되기에 이르렀다. 그 뒤 1995년에는 이상룡의 손부 허은의 구술 회고록 《아직도 내 귀엔 서간도 바람 소리가》가 출간되어 세간에 주목을 끌고 큰 반향을 일으켰다.

2008년에는 안동독립운동기념관(현 경상북도독립운동기념관의 전신)에서 한문본의 《석주유고》를 한글본으로 완역한 《국역 석주유고》 2책을 간행하였다. 새롭게 발간된 국역본은 단지 이상룡 개인의 생애와 공적에만 그치는 것이 아니라, 독립운동사 연구에 기초 자료로 제공되어 이후 이상룡과 그를 둘러싼 독립운동사 연구의 새로운 전기를 마련하게 되었다. 이후 발표되는 이상룡 관련 논저는 대부분 이를 기초 자료로 활용하여 연구한 결과물이다. 그 뒤 2017년에는 안동시와 석주이상룡기념사업회가 공동으로 아들 이준형의 유고를 국역한 《국역 동구유고》를 간행함으로써 이상룡과 주변 인물들 연구를 보완할 수 있게 되었다.

이상룡을 기리는 전시회, 기획전도 그동안 수차례 열렸다. 특히 2017년 11월에는 한국학중앙연구원 주관으로 서울 여의도 국회에서 '임청각을 가다, 이상룡을 만나다'라는 주제로 임청각 소장 귀중자료 공개와 이상룡의 독립운동 공적을 기념하기 위해 특별기획전이 열려 세간의 이목을 끌기도 하였다. 이러한 기획전과 내용, 성격상 유사한 전시가 2019년 다시 개최되기도 했다. 3·1운동과 대한민국 임시정부 수립 100주년 기념으로 그해 여름에 '임청각, 그리고 석주 이상룡'이라는 주제로 한국학중앙연구원 장서각에서 열린 전시회가 그것이다.

역사에 남긴 궤적

석주 이상룡을 배출한 경북 안동을 흔히 독립운동의 성지라 부른다. 우선, 외관상으로 독립운동에 참여하여 정부로부터 유공자로 인정받아 포상된 인물 수만 하더라도 350여 명에 이르러 전국 시군 가운데 압도적인 수위를 차지하고 있다는 사실만으로도 안동이 그렇게 불리는 충분한 이유가 될 것이다. 전국 시도의 독립유공자 인원이 평균 10명 안팎이라는 사실을 감안해 본다면 안동의 포상자 밀도는 가히 짐작하고도 남는다. 그들이 활동한 독립운동의 영역은 독립운동의 출발인 의병투쟁부터 계몽운동, 의열순국, 3·1운동, 만주지역 독립운동, 임시정부 활동, 공산주의운동 등에 이르기까지 실로 다양한 분야에 걸쳐 있다. 그리고 여기에 참여한 인물들은 혈연과 학연을 공동으로 하는 향촌사회의 집단적 구성원들이 대부분을 차지하고 있으며, 그 저변에는 학문, 사상적으로 퇴계 이황을 연원으로 하는 퇴계학통이 자리하고 있었다.

이상룡은 이러한 안동 출신의 독립운동가 가운데서도 그 전형을 가장 잘 보여주는 상징적 인물이라 할 수 있다. 안동 지역 향촌사회를 대표하는 고성이씨 임청각의 종손으로 태어난 그는 유력한 명문가의 문벌로서 권위를 가진 향촌사회의 대표적 지도자였다. 나아가 그를 둘러싼 임청각 가문의 혼맥은 당시 안동의 향촌사회를 선도하던 내앞과 금계의 의성김씨, 하계의 진성이씨, 그리고 봉화 닭실의 안동권씨 등의 명문가와 직결되어 있었다. 이와 같은 토대 위에 그는 퇴계 이황의 학문적 적통을 이어받은 정재 류치명의 문인인 서산 김흥락의 문하를 출입한 정통 학인學人이었다.

이상룡은 이와 같이 출중한 가문, 탁월한 학통을 지니고 있었기 때문에 권능과 위망을 가지고 일생 부귀를 누리고 안락하게 살아갈 수 있었다. 그럼에도 불구하고, 그는 일제침략으로 야기된 시대의 모순과 고통을 절감하고, 조국과 민족의 밝은 미래를 위해 일신의 부귀영화를 초개같이 버리고 독립운동이라는 형극의 길에 망설임없이 뛰어들었다. 그가 선택하고 몸소 보여준 독립운동의 길은 가문을 단위로 하는 향촌사회의 친족 구성원들에게 동시대를 살아가는 처신의 지침과 교범이 되었다.

이상룡이 거느린 대가족과 그가 속한 친족은 집단적 형태로 독립운동에 참여하였다. 임청각의 가족 구성원 가운데 부인 김우락, 동생 이봉희, 이상동, 아들 이준형을 비롯하여 모두 11명이 독립유공자로 서훈된 계량적 수치만 보더라도 친족 단위의 집단적 참여 형태로 독립운동을 전개한 사실을 넉넉히 확인할 수 있다. 이상룡이 시대의 소임을 자각하였듯이, 독립운동에 참여한 가족 구성원 개개인도 이상룡을 종장으로서 맹목적으로 추종한 것이 아니었다. 그 실상을 보면 이들은 한결같이 자신들의 역할과 시대의 소임을 분명히 감지하고 있었다. 이상룡을 정점으로 하여 그 가족 구성원이 보여준 애국적 활동과 처신이 역사적으로 소중한 가치를 지니고 있고 이를 계승해야 하는 이유가 여기에 있다.

이상룡이 일생 동안 펼친 독립운동은 당시 우리 민족이 겪어야만 했던 고통을 자신의 아픔으로 여기고 이를 타개하기 위해 깊이 고심한 소산이었다. 청일전쟁을 계기로 일제의 국권침탈이 노골화되자, 전국적으로 항일의병이 봉기할 때 그는 항일전을 벌여 일제 침략세력을 몰아내고자 의병을 규합하려 하였다. 의병의 항일전은 국망 이전에 우리 민족이 전력을 투입하여 전개한 최상의 독립운동 방략이었던 셈이다. 이와 같은 시대의 경향성에 따라 그는 한때 항일의병에 몰입했으나 그 결과는 허무하리만큼 공허하였다. 민력을 모아 항일전을 펼치기에는 우리나라 전토에 미친 일제의 침략 강도가 이미 너무 크고 공고한 탓이었다.

대내외적으로 이처럼 고단한 형세에 놓인 대한제국의 운명을 감지한 이상룡은 민족운동의 새로운 방략을 모색하였다. 실용적인 학문과 지식을 배양하고 나아가 근대국가 신민新民으로 무장한 민력을 키우고 민력을 모음으로써 장차 국권을 수호하고 국리민복을 도모할 수 있을 것으로 기대한 것이다. 국치 직전에 대한협회 안동지회나 안동의 협동학교 등에 쏟은 그의 열정은 이 시기에 그가 지향한 민족운동의 방향성을 잘 대변해 준다.

1910년 경술국치는 다른 지식인들의 경우와 마찬가지로 이상룡에게도 당연히 큰 충격이었다. 역사적 책임감과 정신적 수치심. 이 두 가지가 국망을 당하던 무렵 이상룡의 정신세계를 관류하던 의식의 주류였다. 조상 대대로 물려받은 임청각을 뒤로 하고 대가족을 거느리고 고난과 형극의 길을 택해 국외망명을 결행하지 않을 수 없었던 이유가 여기에 있다. 한겨울 망명길에 올랐을 때. 칼날보다 날카로운 삭풍이 살을 에는 고통은 참을 수 있지만 창자를 에는 치욕의 고통은 참을 수 없고, 머리는 잘릴지언정 무릎 꿇고 좋은 될 수 없다고 단호히 읊은 결기는 평소 체인體認하고 있던 역사와 문화의 존엄이 훼손된 데 따른 수치심과 책임감의 자연한 발현이었다.

서간도 망명 후 이상룡은 망명 동지들과 함께 독립운동의 새로운 방략을 모색하기 위해 부단히 고뇌하였다. 한민족의 새로운 부흥 터전으로 서간도가 갖고 있는 역사적 당위성을 논증하기 위해 그는 몸소 고대사를 연구하여 그 정통성을 세웠다. 그리고 독립전쟁론을 구현하기 위해 구체적인 방략을 마련하고 이를 실천하였다.

독립전쟁론이란 군국주의 일제의 무력에 의해 나라가 망했기 때문에 일제로부터 독립을 쟁취하고 국권을 획복할 수 있는 유일한 방안은 한민족이 민력과 무력을 키우고 결집하여 언젠가 적절한 시기가 오면 일제와 결전을 벌여 승리하는 데 있다는 1910년대 독립운동의 보편적 사조를 말한다. 이를 위한 구체적 실천 방안으로 우선 대두된 것이, 한인사회가 형성된 국외 도처에 독립운동 근거지를 마련하는 것이었다. 그리고 이러한 토대 위에 해외 현지의 한인사회를 통할할 수 있는 준정부적 기능을 가진 자치결사를 조직하고, 한인 자제들에게 민족의식을 고취하는 민족교육을 실시하고, 장차 독립전쟁이 벌어졌을 때 독립전쟁을 지휘할 사관을 양성한다는 등의 방안들을 마련하는 데 심혈을 기울였다.

이상룡이 경학사, 부민단과 같은 한인 자치단체를 결성하고, 신흥강습소와 같은 학교를 설립하거나, 백서농장, 길남장과 같은 병농일치의 독립군단을 조직한 것은 모두가 하나같이 독립전쟁론을 구현하기 위한 노력의 일환이었다. 곧 독립전쟁은 국치 이후 우리 민족에게 주어진 지상과제인 독립을 향해 나갈 수 있는 유일한 방안이었다고 해도 과언이 아니다. 야수와도 같은 일제의 무력에 짓밟힌 한반도의 현실은 그만큼 고통스럽고 장래도 또한 암울했던 것이다.

1919년 3·1운동은 하늘이 우리 민족에게 내리는 한 줄기 밝은 빛이었다. 국치 이후 지난 10년 동안 지속된 암흑과 고통의 시간이 가고 광명과 희망의 시기를 맞이한 것이다. 그동안 그토록 염원하던 독립이 눈앞에 가시화되는 착시 현상을 경험하였다. 전 민족의 염원을 담은 임시정부가 출범한 것도 이러한 시대적 흐름을 잘 반영해 준다.

이상룡은 3·1운동을 맞아 서간도 독립운동의 새로운 전기를 마련하게 되었다. 한족회라는 한인사회의 통일된 자치기구를 결성하고, 상해 임시정부의 지도력을 인정하는 가운데 서로군정서라는 독립군단을 편성하여 독립전쟁을 결행코자

한 것이다. 이후 그는 오로지 독립전쟁을 결행하기 위해 일로매진하였다. 서간도의 복잡한 독립운동 지형과 임시정부와의 유기적 관계 설정 등을 조율하면서 오로지 독립전쟁을 결행하는 데 유리한 조건과 환경을 만드는 일에 전념한 것이다. 3·1운동 이후 1920년 중반 정의부 결성에 이르기까지 그가 일관되게 보여 준 서간도 독립운동 세력과 노선의 통합 시도, 또 북경군사통일회 참여 등 관내지방 독립운동 세력과의 유기적 관계 설정 노력 등은 서로 외관적 형태는 달리하지만 그 실상을 보면 모두 독립전쟁 결행이라는 하나의 과제로 수렴되는 활동이었다.

이상룡이 평생토록 걸었던 독립운동 궤적의 정점은 1925년 대한민국 임시정부의 수반인 국무령 취임이었다. 그에게 주어진 국무령의 자리는 당시 독립운동계의 선도적 인물들이, 사심을 배제한 채 오로지 민족 공동의 이익을 위해 일생토록 분투해 온 이상룡의 평생 독립운동 이력을 존중하고 나아가 분열된 민족전선을 통합할 수 있는 최고의 적임자로 판단하여 천거한 결과였다. 곧 이상룡은 1920년대 중반 독립운동계의 최고 지도자로서의 권능과 지위를 부여받았고, 국무령이라는 자리가 이를 잘 웅변해 주고 있다. 비록 소기의 결실을 거두지 못한 채 국무령 활동이 실패와 좌절로 귀결되고 말았지만, 오롯이 이상룡에게 그 원인과 책임이 주어져 있다고 비난하는 소리는 당대나 후대의 그 누구로부터도 나오지 않았다. 그가 감내할 수 없을 만큼 크고 무거운 시대적, 환경적으로 열악한 조건이 이미 주어져 있었음을 모두가 감지하고 있었기 때문이다.

이상룡은 한민족의 의롭고 올곧은 기상을 생의 마지막까지 견지하였다. 나라가 독립되기 전에는 자신의 유해를 고국으로 반장하지 말라고 한 그의 유명遺命의 깊은 의미를 다시금 새겨본다. 그에 앞서간 안중근 의사의 경우가 그러했고, 이상설 선생의 유언이 또한 그러했다. 죽음에 임했을 때 이들이 지녔던 공통된 의식세계는 조국의 강토를 유린한 강도 일제와는 죽어서도 결코 함께 하지 않겠다는 결연한 의지를 선언한 데 있었고, 이러한 의식은 나아가 임종의 마지막 순간까지도 자아를 초월하고 오로지 민족만을 체인한 살신성인의 전범典範을 보인 것이었다.

이상룡 연보

1858년(1세) 안동 임청각에서 아버지 고성이씨 승목과 어머니 안동
              권씨 사이에서 3남3녀 가운데 장남으로 출생(11.24).
1872년(15세) 내앞마을 김진린의 딸 우락과 혼인.
1873년(16세) 아버지 이승목 타계.
1875년(18세) 외아들 준형 출생.
1876년(19세) 김흥락의 문하에서 수학.
1886년(29세) 과거에 응시했으나 낙방.
1894년(37세) 할아버지 이종태 타계. 동학농민전쟁과 청일전쟁
              발발로 도곡 이거.
1895년(38세) 을미사변 발발(8.20). 단발령 시행(11.17).
1896년(39세) 안동의병 봉기(1.20). 외숙 권세연 의병장 피선. 고성
              이씨 문중에서 5백 냥 출연.

1898년(41세)	류창식, 김형모 등과 함께 향약 시행.
1905년(48세)	을사조약 늑결(11.17). 거창의 차성충 등과 함께 가야산에 의병 근거지 구상.
1907년(50세)	류인식과 김동삼 등이 설립한 협동학교 운영을 적극 지원.
1909년(52세)	안동경찰서에 일시 구금(2월). 대한협회 안동지회 결성(음력 3월).
1910년(53세)	친족 단위의 가족단 결성. 경술국치(8.29). 처남 김대락이 서간도망명길에 오름(12.24).
1911년(54세)	〈거국음〉을 짓고 서간도 망명길에 올라(1.5.) 회인현 횡도천 도착(2.7). 유하현 삼원포에 한인 자치기관 경학사 설립. 사장에 피선(4월). 〈경학사 취지서〉 발표. 신흥강습소 개교(5.14).
1913년(56세)	통화현 합니하에 부민단 설립. 초대단장 허혁. 부단장 김동삼 피선. 한민족 역사서《대동역사》저술. 군자금 마련을 위해 아들 준형 국내 밀파.
1914년(57세)	백서농장 설립. 처남 김대락 타계(12월).
1916년(59세)	부민단 단장.
1918년(61세)	화전현에 길남장 설치 운영.
1919년(62세)	길림에서 발표된 〈대한독립선언서〉에 서명(2월). 3·1운동 발발. 한족회 발족. 중앙위원회 위원. 군정부인 서로군정서 결성. 독판에 피선. 일본군의 간도 침공(10.1.)으로 인한 한인사회 수난(경신참변).
1920년(63세)	청산리대첩(10.21.~10.26).
1921년(64세)	북경군사통일회의 참석(4월~6월). 서로군정서, 액목현회의(5월) 후 상해 임정과의 관계 정리.

1922년(65세)	액목현의 황지강자에 검성중학원 설립 운영. 대한통의부 결성(8월).
1923년(66세)	상해 국민대표회의(1월~5월)에 서간도 대표로 김동삼·배천택·이진산·김형식 파견.
1924년(67세)	서로군정서. 통의부 등 8개 단체 통합체 정의부 설립(11.24).
1925년(68세)	조카 이광민과 함께 상해 도착(9.17). 대한민국 임시정부 초대 국무령 취임(9.23). 이탁·김동삼·오동진·이유필·윤세용·현천묵·윤병용·김좌진·조성환 등 9명 국무원 임명(10.10.~10.12).
1926년(69세)	임정 국무원 사임(2월) 후 남만주 반석현 호란하 정착.
1927년(70세)	오동진 피체(12월).
1928년(71세)	반석현 서집창의 파려하. 길림 북쪽의 세린하(현 서란시) 등지 전전.
1929년(72세)	최후의 안착지인 서란의 소과전자 이주.
1931년(74세)	김동삼 피체(10월).
1932년(75세)	서거(5.12). 서란의 집 뒷산에 임시 매장.
1938년	조카 이광민이 하얼빈의 동취원창으로 이장. 종숙 이승화. 아우 이상동의 무덤과 함께 3기의 묘역 조성.
1962년	건국훈장 독립장 추서.
1963년	대구 달성공원에 석주 이상룡 구국기념비 건립.
1972년	임청각 소장 자료 1,309책 고려대학교 중앙도서관 기증. '석주문고' 설치.
1973년	이상룡 문집 《석주유고》(2책, 고려대학교출판부) 간행.
1990년	유해 환국. 대전 국립묘지 안장.

1992년	국가보훈처·독립기념관 공동 주관 '이달의 독립운동가'(3월) 선정. 석주이상룡기념사업회(2014년 국무령이상룡기념사업회로 개명) 결성.
1996년	서울 동작구 국립서울현충원의 임시정부요인묘역으로 이장.
2008년	《국역 석주유고》(2책, 안동독립운동기념관) 간행.
2017년	서울 여의도 국회에서 '임청각을 가다. 이상룡을 만나다' 특별기획전 개최.
2019년	한국학중앙연구원 장서각에서 '임청각, 그리고 석주 이상룡' 특별전시회 개최.

참고문헌

저서류

국무령이상룡기념사업회 편, 《동구선생문집》(상·하), 2016.

김종석, 《한말 영남유학계의 동향》, 영남대학교 출판부, 1998.

김희곤, 《안동 사람들의 항일투쟁》, 지식산업사, 2007.

_____, 《안동의 독립운동사》, 영남사, 1999.

_____, 《만주벌 호랑이 김동삼》, 지식산업사, 2009.

독립운동사편찬위원회 편, 《독립운동사자료집》10, 1973.

박영석, 《재만한인독립운동사연구》, 일조각, 1988.

서중석, 《신흥무관학교와 망명자들》, 역사비평사, 2001.

석주이상룡기념사업회 편, 《석주유고 후집》, 뿌리출판사, 1996.

안동독립운동기념관 편, 《국역 석주유고》(상·하), 경인문화사, 2008.

안동독립운동기념관 편, 《국역 고등경찰요사》, 선인, 2010.

_____, 《국역 백하일기》, 경인문화사, 2011.

_____, 《국역 경북지역의병자료》, 선인, 2012.

애국동지원호회 편, 《한국독립운동사》, 1956.

이상룡, 《석주유고》(고려대학교 영인총서 제1집), 고려대학교출판국, 1973.

이해동, 《만주생활 77년》, 명지출판사, 1990.

윤병석 외 5인, 《중국동북지역 한국독립운동사》, 집문당, 1997.

윤병석, 《독립군사》, 지식산업사, 1990.

이관직, 《우당 이회영 실기》, 을유문화사, 1985.

지복영, 《역사의 수레를 끌고 밀며》, 문학과지성사, 1995.

채근식, 《무장독립운동비사》, 대한민국 공보처, 1949.

채영국, 《한민족의 만주독립운동과 정의부》, 국학자료원, 2000.

_____, 《서간도 독립군의 개척자: 이상룡의 독립정신》, 역사공간, 2007.

허은 구술, 변창애 기록, 《아직도 내 귀엔 서간도 바람소리가》, 정우사, 1995; 민족문제연구소, 2010(축약본).

황민호, 《재만한인사회와 민족운동》, 국학자료원, 1998.

논문류

권대웅, 〈을미의병기 안동유림의 의병투쟁〉, 《대동문화연구》 36, 성균관대학교 대동문화연구원, 2000.

김상기, 〈1896-1896년 안동의병의 사상적 연원과 항일투쟁〉, 《사학지》 31, 단국사학회, 1998.

김정미, 〈동산 류인식의 국권회복운동과 민족교육운동〉, 《대구사학》50, 대구사학회, 1996.

김정미, 〈19세기 말 석주 이상룡의 철학사상과 사회운동-20세기 전반 그의 독립운동과 정치사회사상의 기반 검토를 위한-〉,《조선사연구》7, 조선사연구회, 1998.

＿＿＿, 〈이상룡의 국권회복운동론-대한협회 안동지회 활동을 중심으로-〉,《한국근현대사연구》11, 한국근현대사학회, 1999.

＿＿＿, 〈석주 이상룡의 독립운동과 사상〉, 경북대학교 박사학위논문, 2002.

김항구, 〈대한협회(1907-1910) 연구〉, 단국대학교 박사학위논문, 1992.

김희곤, 〈안동 협동학교의 독립운동〉,《한국민족운동사연구》2, 우송조동걸교수정년기념논총간행위원회, 1997.

＿＿＿, 〈안동의병장 척암 김도화(1825-1912)의 항일투쟁〉,《역사교육론집》23·24합집, 역사교육학회, 1999.

＿＿＿, 〈서산 김흥락(1827-1899)의 의병항쟁〉,《한국근현대사연구》15, 한국근현대사학회, 2000.

＿＿＿, 〈석주 이상룡의 독립운동과 사상〉,《민족위해 살다간 안동의 근대인물》, 안동청년유도회, 2003.

박걸순, 〈일제 강점기 안동인의 역사저술과 역사인식〉,《국학연구》20, 한국국학진흥원, 2012.

박영석, 〈석주 이상룡 연구-임정 국무령 선임배경을 중심으로-〉,《역사학보》89, 역사학회, 1981.

박원재, 〈석주 이상룡의 현실인식과 유교적 실천론〉,《오늘의 동양사상》11, 예문동양사상연구원, 2004.

박진태, 〈개신유학계열의 외세대응양식-석주 이상룡의 사상과 행동을 중심으로-〉,《국사관논총》15, 국사편찬위원회, 1990.

안건호, 〈1910년 전후 이상룡의 활동과 사회진화론〉, 《역사와 현
　실》 29, 한국역사연구회, 1998.

윤대원, 〈국민대표회의 이후 개조파의 정국쇄신운동과 국무령제
　의 성립〉, 《역사연구》 7, 역사학연구소, 2000.

윤무한, 〈이상룡, 만주 땅에 '해방구' 일군 초대 국무령〉, 《내일을
　여는 역사》 25, 내일을여는역사재단, 2006.

윤병석, 〈서간도 백서농장과 대한광복군정부〉, 《한국학연구》 3,
　인하대학교 한국학연구소, 1991.

＿＿＿, 〈석주 이상룡 연구-임정국무령 선임배경을 중심으로-〉, 《역
　사학보》 89, 역사학회, 1981.

이동언, 〈일송 김동삼 연구-국내와 망명 초기의 활동을 중심으로-〉, 《한
　국독립운동사연구》 7, 독립기념관 한국독립운동사연구소, 1993.

장세윤, 〈1910년대 남만주 독립군 기지 건설과 신흥무관학교- 안
　동유림의 남만주 이주와 이상룡·김동삼의 활동을 중심으로〉, 《만주
　연구》 24, 만주학회, 2017.

조동걸, 〈안동유림의 도만경위와 독립운동사상의 성향〉, 《대구사
　학》 15·16합집, 대구사학회, 1978.

＿＿＿, 〈백하 김대락의 망명일기(1911-1913)〉, 《안동사학》 5, 안
　동사학회, 2000.

＿＿＿, 〈전통 명가의 근대적 변용과 독립운동 사례-안동 천전문중
　의 경우-〉, 《대동문화연구》 36, 성균관대학교 동아시아학술원,
　2000.

채영국, 〈1920년대 중반 남만지역 독립군단의 정비와 활동〉, 《한국
　독립운동사연구》 8, 독립기념관 한국독립운동사연구소, 1994.

＿＿＿, 〈정의부의 지방조직과 대민정책〉, 《한국독립운동사연구》

9, 독립기념관 한국독립운동사연구소, 1995.

채영국, 〈정의부의 성립과 중앙조직〉,《한국독립운동사연구》10, 독립기념관 한국독립운동사연구소, 1996.

_____, 〈1920년대 중후기 중일합동의 재만한인 탄압과 대응〉,《한국독립운동사연구》11, 독립기념관 한국독립운동사연구소, 1997.

한시준, 〈신흥무관학교와 한국독립운동〉,《한국독립운동사연구》40, 독립기념관 한국독립운동사연구소, 2011.

찾아보기